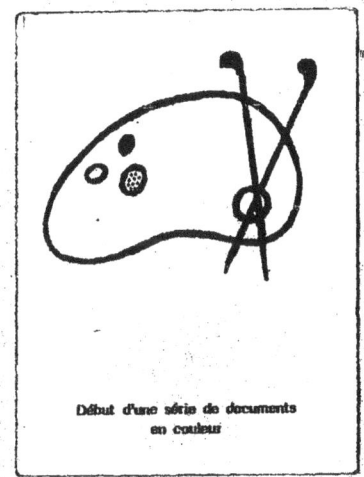

Début d'une série de documents en couleur

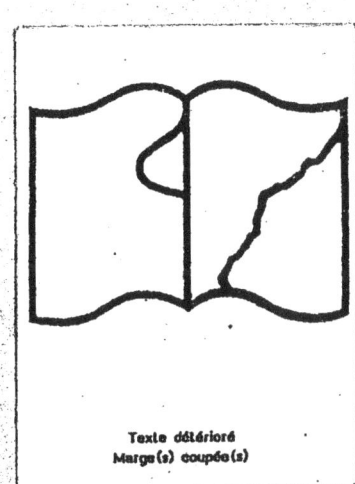

Texte détérioré
Marge(s) coupée(s)

TROIS MOIS
A LA
COUR DE FRÉDÉRIC

LETTRES INÉDITES DE D'ALEMBERT

PUBLIÉES ET ANNOTÉES

PAR

GASTON MAUGRAS

PARIS
CALMANN LÉVY, ÉDITEUR
RUE AUBER, 3 ET BOULEVARD DES ITALIENS, 15
A LA LIBRAIRIE NOUVELLE

1886

CALMANN LÉVY, ÉDITEUR

DU MÊME AUTEUR :

L'Abbé F. Galiani. Correspondance. (En collaboration avec Lucien Perey.) *Ouvrage couronné par l'Académie française* . . . . 2 vol.

La Jeunesse de Madame d'Épinay, d'après des lettres et des documents inédits (En collaboration avec Lucien Perey.) *Ouvrage couronné par l'Académie française* . . . . 1 vol.

Les Dernières Années de Madame d'Épinay, d'après des lettres et des documents inédits. (En collaboration avec Lucien Perey.) *Ouvrage couronné par l'Académie française* . . . . 1 vol.

La Vie intime de Voltaire aux Délices et a Ferney. (En collaboration avec Lucien Perey.) . . . . . 1 vol.

Querelles de philosophes :
Voltaire et Jean-Jacques Rousseau . . . . 1 vol.

14587. — Imprimerie A. Lahure, 9, rue de Fleurus, à Paris.

Fin d'une série de documents en couleur

TROIS MOIS
A LA
COUR DE FRÉDÉRIC

CALMANN LÉVY, ÉDITEUR

DU MÊME AUTEUR :

L'Abbé F. Galiani. Correspondance. (En collaboration avec Lucien Perey.) *Ouvrage couronné par l'Académie française* . . . . 2 vol.

La Jeunesse de Madame d'Épinay, d'après des lettres et des documents inédits (En collaboration avec Lucien Perey.) *Ouvrage couronné par l'Académie française* . . . . 1 vol.

Les Dernières Années de Madame d'Épinay, d'après des lettres et des documents inédits. (En collaboration avec Lucien Perey.) *Ouvrage couronné par l'Académie française* . . . . 1 vol.

La Vie intime de Voltaire aux Délices et a Ferney. (En collaboration avec Lucien Perey.) . . . . . . 1 vol.

Querelles de philosophes :
Voltaire et Jean-Jacques Rousseau. . . . . 1 vol.

14487. — Imprimerie A. Lahure, 9, rue de Fleurus, à Paris.

TROIS MOIS

A LA

COUR DE FRÉDÉRIC

LETTRES INÉDITES DE D'ALEMBERT

PUBLIÉES ET ANNOTÉES

PAR

GASTON MAUGRAS

PARIS
CALMANN LÉVY, ÉDITEUR
RUE AUBER, 3 ET BOULEVARD DES ITALIENS, 15
A LA LIBRAIRIE NOUVELLE

1886

TROIS MOIS
A LA COUR DE FRÉDÉRIC

La correspondance connue de d'Alembert est peu volumineuse : à part ses lettres à Frédéric et à Voltaire, on n'a de lui qu'un très petit nombre de billets adressés à quelques amis. Un hasard heureux nous a fait retrouver à la Bibliothèque nationale toute une liasse de lettres inédites du célèbre philosophe[1]. Ces lettres, écrites pendant un séjour de trois mois à la cour de Frédéric, con-

---

[1]. En relisant dans les *Lundis* de Sainte-Beuve l'article consacré à Frédéric littérateur, nous voyons que l'éminent critique a eu connaissance de ce dossier; il en donne une courte analyse et en signale tout l'intérêt aux érudits. C'est donc à lui que revient le mérite de la découverte.

tiennent sur le monarque et sur son entourage de curieux détails, elles donnent sur l'état de la Prusse, au sortir de la guerre de Sept Ans, des renseignements d'un véritable intérêt, et elles nous ont paru très dignes de sortir de l'oubli où elles sont restées depuis plus d'un siècle.

Cette correspondance offre encore un singulier attrait par le nom seul de la personne à qui elle est adressée. C'est, en effet, à Mlle de Lespinasse que d'Alembert envoie ses récits sur la cour de Prusse et sur l'accueil qu'il reçoit du grand Frédéric. Écrites au jour le jour, sous l'impression même des événements, ces lettres ont un caractère de véracité indiscutable ; destinées à une amie intime, et nullement composées en vue du public, elles se ressentent, il est vrai, du laisser-aller du voyageur qui, chaque jour et à bâtons rompus, écrit sous forme de journal la narration de son voyage, mais aussi l'homme s'y montre tout entier, sans apprêt et sans fard.

Peut-être le caractère de d'Alembert ne gagnera-t-il pas beaucoup en élévation et en indépendance à la publication de cette correspondance. On ne verra pas sans un pénible étonnement l'enthousiasme singulier que Frédéric inspirait à un philosophe français après une guerre désastreuse pour la France. Ce qu'on peut dire à l'excuse de d'Alembert, c'est que l'idée de la patrie se trouvait encore à son époque à l'état embryonnaire : la fidélité au roi avait primé jusqu'alors tous les autres devoirs; mais cette fidélité n'existait même pas pour les philosophes, ils s'en croyaient dégagés par la persécution qu'ils subissaient en France.

L'amour de la patrie domine aujourd'hui toutes les préférences politiques ou religieuses, mais ce sentiment, devenu si puissant et si vif, ne s'est réellement développé que pendant la Révolution et l'Empire, et à la suite des invasions. On ne peut, en bonne justice, reprocher aux philosophes d'avoir méconnu une idée qui est restée à peu près lettre morte jusqu'en 1789. La meilleure preuve que l'on ne comprenait pas le patriotisme au dix-huitième siècle comme nous le comprenons aujourd'hui, c'est que personne à l'époque n'a songé à reprocher aux philosophes leurs scandaleuses adulations vis-à-vis du vainqueur de Rosbach. Celui qui de nos jours et dans des circonstances analogues écrirait des lettres semblables à celles que d'Alembert ou Voltaire adressaient à Frédéric, tomberait à juste titre sous le mépris public.

En dehors même de la question de patriotisme, on ne lira pas sans sourire les dithyrambes de d'Alembert en l'honneur du roi de Prusse. Cependant ils ont tout au moins le mérite de la sincérité : ne fallait-il pas en effet que l'enthousiasme du philosophe fût bien réel, pour qu'il se donnât jour avec une telle exagération dans une correspondance intime et qui assurément n'était pas appelée à passer sous les yeux du roi?

En somme d'Alembert n'a fait qu'imiter les autres philosophes de son temps, qui se pâmaient d'admiration devant les *philosophes couronnés* ou soi-disant tels. Aujourd'hui toutes ces flagorneries nous paraissent odieusement choquantes, mais alors on les trouvait toutes naturelles : c'était le ton du jour. De plus elles étaient réciproques et les philosophes recevaient des souverains plus d'avances encore qu'ils n'en faisaient. Les Voltaire, les Grimm, les d'Alembert, les Diderot, étaient des hommes après tout, et les délicates attentions d'un monarque ne les laissaient pas plus insensibles que de simples mortels, peut-être moins encore, car par leurs doctrines, par leur rôle, par la persécution qui les frappait dans leur patrie, ils étaient plus disposés que d'autres à se montrer flattés des honneurs qu'on leur rendait à l'étranger et à laisser déborder leur reconnaissance en témoignages souvent excessifs.

Nous publions intégralement le journal de d'Alembert en Prusse, tel qu'il existe dans le manuscrit de la Bibliothèque nationale[1]. Nous l'avons fait précéder d'un court récit destiné à rappeler au lecteur les événements qui ont provoqué le voyage du philosophe. Fidèle à l'usage que nous avons adopté, nous avons intercalé entre les lettres les renseignements de nature à éclairer le lecteur sur les événements auxquels il est fait allusion.

1. Bibl. nat. Mss. *Recueil de pièces*, F. fr., 15230.

C'est en 1765 que d'Alembert se décida à faire un séjour prolongé à la cour de Potsdam. Depuis longtemps déjà il jouissait en Prusse d'une grande et légitime réputation; il le devait autant à ses travaux scientifiques qu'à ses œuvres philosophiques. Dès 1746 il avait remporté un prix à l'Académie de Berlin avec un mémoire *sur la cause générale des vents;* non seulement le mémoire fut couronné, mais encore son auteur fut proclamé membre de l'Académie par acclamation et sans scrutin[1].

En 1752 Frédéric, sous l'inspiration de Voltaire[2], chercha à attirer d'Alembert à Berlin et il

1. Le *Traité des Vents* fut dédié à Frédéric, et dans sa dédicace d'Alembert fit une délicate allusion à la paix glorieuse que le roi venait de conclure avec les Autrichiens.
2. Voltaire désirait évidemment être agréable à d'Alembert, mais il était principalement guidé par la perspective d'être désagréable à Maupertuis qu'il détestait. La cause de leur inimitié est assez curieuse e bien vraisemblable, étant donné le caractère du poète : « Dans un souper chez moi, racontait Frédéric, Voltaire fut infiniment aimable, il se surpassa; il nous fit des contes charmants; Maupertuis ne put dire un mot. Le souper fini, Voltaire, Maupertuis, d'Argens et deux officiers se promenèrent dans mon jardin; le marquis et les officiers disent

lui fit offrir en survivance la présidence de l'Académie, avec 12 000 livres de traitement : Maupertuis[1] dirigeait encore les débats de la savante assemblée, mais sa santé chancelante laissait prévoir que sa succession serait bientôt ouverte. D'Alembert ne put se décider à quitter Paris, et, malgré sa pauvreté, il repoussa les offres du roi.

« Douze cents livres de rente me suffisent, lui répondit-il; je n'irai point recueillir la succession de Maupertuis de son vivant. Je suis oublié du gouver-

---

à Voltaire : « Que vous avez été charmant à ce souper et que « vous nous avez amusés; n'est-il pas vrai, monsieur de Mauper« tuis ? » — « Non, car il m'a ennuyé à la mort. » — « Cela ne me « surprend point, dit Voltaire, vous êtes un homme ennuyant. » *Hinc litès, mon cher, hinc Akakia.* » (Mémoires de Henri de Catt. Leipzig. Hirzel, éditeur, 1885).

1. Maupertuis (Pierre-Louis Moreau de) (1698-1759), philosophe et géomètre. Après avoir débuté dans la carrière des armes, Maupertuis s'adonna aux sciences, où il acquit une grande réputation. Frédéric l'attira à Berlin en 1740 : « Mon cœur et mon inclination, lui écrivit-il, m'ont fait désirer de vous avoir, pour donner à l'Académie de Berlin la forme qu'elle ne peut recevoir que de vous. Venez donc enter sur la plante sauvage la greffe des sciences et des fleurs.... » Le roi disait plus tard de lui : « Il a, cet homme, du talent et des connaissances solides, mais son imagination parfois singulière l'égare souvent et lui fait admettre les idées les plus bizarres et les plus incongrues; il veut cependant asservir tout le monde à ses idées, et il se fâche sérieusement lorsqu'on ne les admet pas; jaloux des

nement comme tant d'autres de la Providence : persécuté autant qu'on peut l'être, si un jour je dois fuir de ma patrie, je ne demanderai à Frédéric que la permission d'aller mourir dans ses États, libre et pauvre. »

Loin de lui garder rancune de son refus, le roi n'en conserva que plus d'estime pour le caractère du philosophe, et en 1754 il écrivit à mylord maréchal, ministre de Prusse en France[1] :

« Vous savez qu'il y a un homme à Paris du plus grand mérite; qui ne jouit pas des avantages de la fortune proportionnée à ses talents et à son caractère :

moindres préférences que j'ai pour ceux qui m'approchent, il leur marque de l'humeur et, le croiriez-vous, il me boude. Son ambition est extrême et son génie n'y répond pas; il est brusque, souvent ridicule par ses opinions gigantesques, mais son cœur, qui est honnête, n'est point à comparer avec celui de Voltaire. Vous savez ce que Piron répondit un jour à celui-ci qui lui offrait son cœur : « Fi donc, monsieur de Voltaire, vous me donnez la plus mauvaise partie de vous-même. » (Mémoires de Henri de Catt. Leipzig, chez Hirzel, 1885.)

1. Keith (William) (1685-1778), maréchal héréditaire d'Écosse, connu sous le nom de mylord maréchal. Capitaine des gardes de la reine Anne, il se déclara pour les Stuarts et en 1715 fit prendre les armes à l'Écosse en faveur du Prétendant. Condamné à mort par jugement du parlement d'Angleterre, ses biens confisqués, sa tête mise à prix, mylord maréchal se rendit en Prusse, où Frédéric l'accueillit avec la plus grande distinction; il lui confia même plusieurs missions diplomatiques.

je pourrais servir d'yeux à l'aveugle déesse et réparer au moins quelques-uns de ses torts. Je vous prie d'offrir par cette considération une pension de douze cents livres à M. d'Alembert : c'est peu pour son mérite, mais je me flatte qu'il l'acceptera, en faveur du plaisir que j'aurai d'avoir obligé un homme qui joint la bonté du caractère aux talents les plus sublimes de l'esprit. Vous qui pensez si bien, vous partagerez avec moi, mon cher Mylord, la satisfaction d'avoir mis un des plus beaux génies de la France dans une situation plus aisée.... Je me flatte de voir M. d'Alembert ici, il a promis de me faire cette galanterie dès qu'il aurait achevé son Encyclopédie. »

D'Alembert accepta la pension, et l'année suivante, en 1755, se rendit à l'invitation royale; il alla jusqu'à Wesel[1] remercier le roi; le prince le combla de bontés et l'admit à sa table, mais l'encyclopédiste ne fit près de Frédéric qu'un très court séjour.

Les relations entre le philosophe et le monarque furent à peu près interrompues durant toute la guerre de Sept Ans.[2]

Pendant cet intervalle la réputation de d'Alem-

1. Sur le Rhin.
2. Ils échangèrent cependant deux lettres en 1760.

bert ne fit que grandir, non seulement en France, mais encore dans toute l'Europe. En 1754 le philosophe entre à l'Académie française. En 1756 Louis XV, à la demande de d'Argenson, lui accorde une pension de 1200 livres; la même année la reine de Suède lui confère le titre d'associé étranger de l'Académie des belles-lettres qu'elle vient de fonder[1]. En 1762 Catherine II lui propose de se charger de l'éducation du grand-duc de Russie, son fils[2], et elle lui fait offrir 100 000 livres par an s'il consent à remplir cette fonction. L'ambassadeur de Russie à Paris fut chargé de la négociation, mais il employa vainement toutes les ressources de sa diplomatie; il ne put vaincre les résistances de d'Alembert[3]. C'est en vain que l'impératrice insista de nouveau et écrivit de sa main

---

1. Louise-Ulrique de Prusse, reine de Suède (1720-1782). Sœur de Frédéric II, elle épousa en 1744 Adolphe-Frédéric, prince royal de Suède; devenue reine en 1751, elle fonda l'Académie des belles-lettres de Stockholm, la Bibliothèque, le cabinet d'Histoire naturelle, etc.
2. Il succéda à sa mère sous le nom de Paul Ier.
3. Quand le grand-duc plus tard vint à Paris, il reprocha obligeamment à d'Alembert d'avoir refusé de l'élever. Le savant s'excusa, prenant prétexte de la dureté du climat et de sa mauvaise santé : « En vérité, monsieur, lui dit le prince, c'est le seul mauvais calcul que vous ayez fait en votre vie. »

une lettre des plus pressantes au philosophe, elle échoua devant un refus inébranlable[1].

En 1763, quand la paix fut signée, d'Alembert, qui n'avait pas oublié le bienfait qu'il devait à Frédéric, écrivit au roi pour le féliciter de ses succès et lui exprimer le désir de lui rendre visite. La lettre était digne d'un plat courtisan et non d'un philosophe intègre, mais, nous l'avons dit, c'était le ton de l'époque et d'Alembert n'y échappait pas plus que Voltaire, Grimm, Diderot, etc :

« 7 mars 1763.

« Sire,

« Il m'est donc permis de respirer enfin après tant de tourmens et d'inquiétude, et de laisser agir en liberté des sentiments si longtemps renfermés et contraints au fond de mon âme. Il m'est permis de féliciter Votre Majesté sur ses succès et sur sa gloire, sans crainte d'offenser personne, sans trouble pour le présent, et sans frayeur pour l'avenir. Que n'a-t-elle pu lire dans mon cœur depuis six ans les mouvements qui l'ont agité; la joie que m'ont causée ses victoires

---

1. D'Alembert communique à l'Académie la lettre si flatteuse de Catherine, et la Compagnie décida à l'unanimité qu'elle serait insérée dans les registres.

(excepté celle de Rosbach dont Votre Majesté elle-même m'aurait défendu de me réjouir) et l'intérêt plus vif encore que j'ai pris à ses malheurs; intérêt d'autant plus grand, que je sentais ce que ces malheurs pouvaient coûter un jour à mon pays, et que je plaignais la France sans oser même le lui dire. Puissiez-vous, Sire, jouir longtemps de cette paix et de cette gloire si justement acquises! Puissiez-vous montrer encore longtemps à l'Europe l'exemple d'un prince également admirable dans la guerre et dans la paix, grand dans la prospérité et encore plus dans l'infortune, au-dessus de l'éloge et de la calomnie !

« Avec quel empressement, Sire, n'irai-je pas exprimer à Votre Majesté ce que ma plume trace ici faiblement et ce que mon cœur sent mieux ! Quelle satisfaction n'aurai-je pas de mettre à vos pieds mon admiration, ma reconnaissance, mon profond respect et mon attachement inviolable ! Mais, Sire, je sens que dans ces premiers moments de repos, Votre Majesté, occupée toute entière à essuyer des larmes qu'elle a vu couler malgré Elle, aura bien mieux à faire que de converser de philosophie et de littérature. J'attendrai donc son loisir et ses ordres pour aller passer quelque temps auprès d'Elle....

« .... La philosophie ira s'instruire et s'éclairer auprès de vous; elle ira porter à Votre Majesté (sans avoir à craindre le reproche de flatterie) les vœux, l'amour et le respect de tous ceux qui cultivent les lettres, et qui ont le bonheur de voir dans le héros de l'Europe leur chef et leur modèle. »

L'invitation sollicitée ne se fit pas attendre : Frédéric convia aussitôt d'Alembert à le venir voir, et il lui donna rendez-vous à Wesel qu'il devait prochainement visiter. Le philosophe charmé s'empresse de répondre :

« 29 avril 1763

« Sire,

« Je me rendrai avec empressement à Wesel au premier avis que Votre Majesté me fera donner de son voyage, et je me félicite d'avance de pouvoir enfin mettre à vos pieds, en toute liberté, des sentiments que je partage avec l'Europe entière. Je ne sais pas si, comme Votre Majesté le prétend, il y a des rois dont *les philosophes se moquent;* la philosophie, Sire, respecte qui elle doit, estime qui elle peut, et s'en tient là ; mais quand elle pousserait la liberté plus loin, quand elle oserait quelquefois rire en silence aux dépens des maîtres de ce monde, le philosophe Molière dirait à Votre Majesté qu'il y a rois et rois, *comme fagots et fagots;* et j'ajouterais avec plus de respect et autant de vérité, que la philosophie me paraîtrait bien peu *philosophe,* si elle avait la bêtise de se moquer d'un roi tel que vous. Toute la morale de Socrate n'a pas fait au genre humain la centième partie du bien que Votre Majesté a déjà fait en six semaines de paix. La France, qui s'étonne encore d'avoir été votre ennemie, parle de votre gloire avec admiration et de votre bienfaisance avec attendrissement. »

D'Alembert partit pour la Prusse dans le courant de mai 1763. Il laissait à Paris sa vieille amie Mme du Deffand[1] et sa nouvelle passion Mlle de Lespinasse.[2]

On se rappelle qu'en 1752 Mme du Deffant ayant ressenti les premières atteintes du mal qui devait la priver de la vue, se retira au couvent de Saint-Joseph de la rue Saint-Dominique. Elle y reçut toute l'élite de la société du dix-huitième siècle. Grands seigneurs, ambassadeurs, écrivains illustres, tous se pressaient dans son salon. Sa maladie s'aggravant, elle sentit bientôt le besoin d'avoir près d'elle une dame de compagnie qui pût la suppléer dans ses devoirs de maîtresse de maison. Il la fallait intelligente, instruite et de bonne éducation. Mlle de Lespinasse parut rem-

1. Deffand (Marie de Vichy-Chamrond, marquise du), 1697-1780.
2. Lespinasse (Claire-Françoise de), 1731-1776.

plir ces conditions et elle fut appelée près de Mme du Deffant en 1754.

Fille naturelle de la comtesse d'Albon, la jeune fille avait mené jusqu'alors une existence assez misérable et sa nouvelle situation amena dans sa vie le plus heureux changement. Agée de vingt-deux ans, grande, bien faite, mais peu jolie, car la petite vérole avait défiguré ses traits, elle ne fut pas déplacée dans le salon de sa bienfaitrice; elle y brilla même par son tact et son esprit.

En prenant une dame de compagnie jeune et spirituelle, Mme du Deffant ne s'était point fait illusion sur les inconvénients qui en pouvaient résulter; mais elle crut les prévenir en avertissant sa jeune compagne qu'elle entendait garder la haute main dans son salon, et qu'elle exigeait d'elle une conduite discrète, mesurée, et d'une franchise absolue : « Le moindre artifice et même le plus petit art que vous mettriez dans votre conduite avec moi, lui dit-elle, me serait insupportable. Je suis naturellement défiante et tous ceux en qui je crois de la finesse me deviennent suspects au point de ne pouvoir plus prendre aucune confiance en eux. J'ai deux amis intimes qui sont Formont[1] et d'Alembert; je les aime passionnément. Il faut donc, ma reine, vous résoudre à vivre avec moi avec la plus grande vérité et sincérité. »

Malheureusement, au bout de peu d'années, la jeunesse, le charme, l'esprit de Mlle de Lespinasse lui attirèrent les plus vives sympathies et elle eut une cour à son tour dans le salon même de sa bienfaitrice. Elle ne s'en tint pas là. Pendant que Mme du Deffant, fatiguée de ses veilles, se reposait, la dame de compagnie prit l'habitude de recevoir chaque jour secrètement dans sa chambre un petit cercle intime à la tête duquel se trouvait d'Alembert, l'ami préféré de la vieille aveugle. Une communauté d'origine et peut-être un lien secret de parenté attirèrent probablement l'un vers l'autre le fils naturel de Mme de Tencin[2] et la fille adultérine de Mme d'Albon.[3]

1. Formont (Jean-Baptiste Nicolas de), poète épicurien, riche et paresseux, il était lié avec toutes les sociétés littéraires de l'époque.
2. Tencin (Claudine-Alexandrine Guérin, marquise de) (1681-1749) après avoir embrassé la vie religieuse, elle fut nommée chanoinesse, puis elle se fit relever de ses vœux et rentra dans le monde où elle fit scandale par la légèreté de ses mœurs.
3. Le cardinal de Tencin, frère de Mme de Tencin, passait pour

Cette situation délicate se prolongea pendant plusieurs années à l'insu de Mme du Deffand. La passion de d'Alembert pour sa nouvelle amie était telle que c'est à elle qu'il adressa toutes ses lettres pendant son séjour en Prusse; la pauvre Mme du Deffand, bien oubliée, n'en reçut qu'une seule.

La première lettre du philosophe est datée de Gueldres, 10 juin 1763[1] :

« .... Le Roi a déjà passé par Wesel le 6. Il est actuellement à Crevelt, où il est allé voir le champ de bataille que nous perdîmes en 1758; il doit être ici demain, où je compte qu'il m'emmènera avec lui en repassant par Wesel; ainsi d'ici à huit jours, je ne trouverai peut-être guère le temps de vous écrire, je ne le pourrai vraisemblablement que quand je serai arrivé à Potsdam.

« Le commandant de Gueldres m'a fait ouvrir les portes hier à minuit, dès qu'il a su mon nom; il m'avait déjà fait marquer un logement par ordre du

---

le père de Mlle de Lespinasse. En apprenant la mort du cardinal, Voltaire s'écria : « Dieu veuille avoir son âme, c'était un terrible mécréant. »

1. On remarquera dans cette correspondance que tous les passages intimes ont été supprimés. Seules, les descriptions la cour de Prusse et les véritables rapports du philosophe avec Frédéric ont été conservés.

roi et m'a fait toutes les politesses possibles. Le roi arrivera avec le prince Ferdinand de Brunswick[1], le prince Ferdinand de Prusse, second frère du roi; le le prince royal n'y est pas[2]. On dit qu'il y a six carrosses de suite et j'espère qu'il me donnera place dans quelqu'un. On l'attend ici avec grande impatience; il est arrivé beaucoup d'étrangers pour le voir, et toute la ville est en mouvement. La jeunesse est sortie à cheval à deux lieues pour aller au-devant de lui. Toutes les rues sont pleines d'arcs-de-triomphe, de portraits du roi, de branches de laurier et d'olivier, et d'inscriptions en latin et en allemand à son honneur et gloire.... »

Le lendemain, Frédéric arrivait et d'Alembert

---

1. Brunswick (Ferdinand, duc de) (1721-1792), l'un des généraux les plus célèbres de la guerre de Sept Ans. En 1757 il reçut de Frédéric le commandement en chef de l'armée de Westphalie. Il défit les Français à Crevelt, s'empara de Minden et remporta près de cette ville une victoire éclatante. En 1762 il chassa les Français de la Hesse. Après la paix il se brouilla avec le roi.

2. Neveu de Frédéric. Le roi lui témoigna toujours beaucoup d'affection. Il le dirigea vers la carrière des armes et plusieurs fois on l'entendit dire, en voyant le courage de son neveu : « Ce jeune homme me recommencera ». Un jour, en présence du roi, le prince eut son cheval tué sous lui par un boulet : « Ah! dit froidement Frédéric, voilà le prince de Prusse tué. Qu'on prenne la selle et la bride de son cheval. » Le prince succéda à Frédéric en 1781 sous le nom de Frédéric-Guillaume II.

pouvait donner un libre cours à ses dithyrambes
en l'honneur de son hôte royal.

« Clèves, le 13 juin 1763.

« Enfin je l'ai vu, ce grand et digne Roi, encore au-
dessus de l'idée que vous en avez. Il est arrivé à
Gueldres le 11, à 7 heures du matin; il avait été pré-
cédé par le prince royal de Prusse; l'on m'avait trompé
en me disant qu'il n'y serait pas. Le commandant
de Gueldres me présenta d'abord à ce jeune prince,
qui me fit l'accueil le plus obligeant, ainsi que M. de
Bork, son gouverneur, homme d'esprit et de mérite;
le Roi arriva un moment après, accompagné du prince
Ferdinand de Brunswick; le prince héréditaire n'y
était pas, il était parti pour Aix-la-Chapelle[1].

« Je ne puis vous exprimer le sentiment que j'éprou-
vai en voyant le Roi, les larmes me vinrent aux yeux;
il ne m'aperçut pas d'abord, parce qu'il parlait au
commandant, mais le prince Ferdinand me reconnut

1. Brunswick-Wolfenbuttel (Charles-Guillaume-Ferdinand, duc
de) (1735-1806), prince héréditaire, neveu de Frédéric et du
prince Ferdinand. A la bataille d'Hastembeck, il emporta l'épée
à la main une batterie française et sauva d'un désastre l'armée
du duc de Cumberland. « Il a montré par ce trait, dit Frédéric,
que la nature le destinait à devenir un héros. » Pendant toute
la guerre de Sept Ans il se distingua par son courage et son
habileté. En 1780 il succéda à son père dans le gouvernement
de son duché. Il mourut le 10 novembre 1806, frappé d'une
balle à l'œil la veille de la bataille d'Iéna.

tout de suite, vint à moi et me dit des choses les plus flatteuses et les plus honnêtes; le Roi monta sur les remparts et j'allai au-devant de lui par un autre chemin; dès qu'il m'aperçut, il fit plusieurs pas vers moi, me dit qu'il était charmé de me voir et me proposa de l'accompagner ici, où il allait tout de suite; vous croyez bien que je ne demandai pas mieux; le prince de Prusse me prit avec lui dans sa voiture, et, quelque résistance que je pusse faire, il exigea, lui et son gouverneur, que je me misse dans le fond, à côté de lui, et que je me couvrisse.

« Nous arrivâmes à Wesel, où j'eus l'honneur de dîner avec le Roi, les deux princes et deux généraux. De là nous sommes venus ici, où le Roi restera encore deux jours, et le 15 il retournera à Potsdam en passant par Wesel.

« Hier j'eus encore l'honneur de dîner avec lui et avec les mêmes personnes, et vraisemblablement ce sera la même chose aujourd'hui. Il faut que ma conversation ne lui déplaise pas, car pour l'ordinaire il est à peine une demi-heure à table et ces deux jours-ci il y est resté plus de trois heures, dont il en a parlé deux et demie sans manger; ses domestiques sont tout étonnés de ce changement, et un de ses généraux vient de me dire qu'il lui avait parlé hier de moi avec beaucoup de bonté et de satisfaction. Ce n'est pas tout : hier au soir, entre sept et huit heures, il m'envoya chercher; il était seul dans son cabinet : « *Je ne vous ai point encore vu en particulier*, me dit-il, *et ce n'est pas là vous voir; asseyez-vous auprès de moi et causons.* »

« Il me parla d'abord des propositions de Russie et de mon refus et me tint sur cela les discours les plus obligeants et les plus pleins de bonté; ensuite il me parla belles-lettres, philosophie, politique même, guerre et paix, etc., etc. Il me faudrait un volume pour vous rendre compte de cette conversation; tout ce que je puis vous assurer et que certainement vous auriez trouvé comme moi, c'est que le roi m'a paru supérieur à sa gloire même, parlant de cette gloire et de sa renommée avec une modestie bien vraie, rendant justice à ses ennemis mêmes, et voyant avec une modération et une tranquillité bien dignes de lui tout le mal qu'on a voulu lui faire, plein d'estime et de goût pour notre nation, disant même du bien de plusieurs de nos généraux, même de ceux qui n'ont pas été aussi habiles que lui. Ce qui fait encore plus son éloge, c'est que depuis la paix, c'est-à-dire depuis trois mois, il a déjà rebâti 4500 maisons dans les villages, que de huit pages qu'il avait, il s'est réduit à deux, et de vingt heiduques à six, et ainsi du reste. Partout où nous avons passé, l'empressement de le voir et les acclamations sont inexprimables; il est fort gai, se porte bien et est même beaucoup moins changé que je ne l'aurais cru; notre conversation d'hier a duré quatre heures et ne m'a point ennuyé, à beaucoup près.

tant il y a mis d'esprit, de bonté, de vérité et de simplicité....

« Je suis ici logé dans la maison du Roi et à côté de lui ; je l'entends tous les soirs et tous les matins jouer de la flûte, dont il joue aussi bien que s'il n'avait pas gagné douze batailles.

P. S. — Dix heures du soir. — Je viens encore d'avoir avec le roi une conversation de trois heures, qu'il a terminée en disant qu'il ne voulait pas me faire coucher aussi tard qu'hier, ni déranger ma vie en rien. »

Le séjour à Clèves fut de courte durée. Deux jours après son arrivée, Frédéric, suivi de son philosophe, partait pour Brunswick, où résidait sa sœur, épouse du duc régnant.

D'Alembert reçut à la cour de Brunswick-Wolfenbüttel l'accueil le plus flatteur et on ne peut lire sans sourire la naïve satisfaction qu'il éprouve en présence des marques d'attention dont il est l'objet. Un homme de sa valeur aurait pu se montrer moins exultant de témoignages d'estime, en somme fort naturels et très justifiés. Mais laissons la parole à l'encyclopédiste.

« Sans-Souci, le 22 juin 1765.

« Nous sommes partis de Clèves le 15 à trois heures

du matin, nous avons dîné en poste à Wesel, et de là nous sommes repartis sans nous arrêter ni jour ni nuit, que pour changer de chevaux, jusqu'à Minden, où nous sommes arrivés le 16, à sept heures du soir, à cinquante lieues de Wesel et soixante de Clèves. Vous voyez que la traite est honnête. Le 17, nous sommes partis à trois heures du matin, nous avons passé par Hanovre, où le Roi n'a pas voulu s'arrêter, mais où M. le prince de Prusse a dîné avec les princes de Mecklembourg, frères de la reine d'Angleterre, et plusieurs autres personnes, entre autres Mme d'Yarmouth, maîtresse du feu roi d'Angleterre; j'étais de ce dîner où j'ai reçu de grandes politesses de tout le monde. Le soir nous avons été à Brunswick, et de là à Salzdahl, maison de campagne du duc régnant, dont la femme est sœur du Roi. Nous y sommes restés jusqu'au lundi 20.

« Le duc, la duchesse, les princes et princesses, leurs enfants m'ont comblé de toutes les marques de bonté possibles; il n'y a point d'accueil qu'ils ne m'aient fait. La duchesse m'a fait placer à dîner et à souper à table vis-à-vis d'elle et du roi son frère; il n'y avait à ce dîner que la famille ducale, le roi et le prince de Prusse avec son gouverneur; j'ai tâché d'être de la meilleure compagnie qu'il m'a été possible, et il m'a paru qu'on n'était pas mécontent de moi.

« M. le duc de Brunswick m'a donné un de ses carrosses pour aller voir à Wolfenbüttel sa bibliothèque qui, en effet, mérite bien d'être vue. Nous avons eu un très bon opéra bouffon italien, et le lendemain bal, où vous croyez bien que je n'ai pas dansé, mais où il n'a tenu qu'à moi de danser avec les princesses qui me l'ont proposé.

« J'oubliais de vous dire qu'à Minden ou auprès, j'ai vu le champ de bataille qui nous a été si funeste et le *moulin* où étaient nos généraux.

« Le lundi 20, à quatre heures du matin, après avoir dormi très peu, nous avons passé par Magdebourg, qui est une très belle et forte ville; nous avons couché à quelques lieues de là et sommes repartis le 21 à trois heures du matin pour arriver à Potsdam, d'où le Roi est venu ici, où il est avec mylord Maréchal, le marquis d'Argens[1] et moi : le château que nous habitons est très beau et de très bon goût; je vous écris de la plus belle chambre du monde, entouré de beaux meubles et de beaux tableaux, ayant la plus belle vue du monde de mes fenêtres; malheureusement mes amis ne sont pas au bout de cette vue-là.

« Le Roi est de fort bonne humeur et plein de la plus

---

1. Argens (Jean-Baptiste de Boyer, marquis d') (1704-1771), fils d'un procureur général au parlement d'Aix. Après avoir suivi la carrière des armes, il écrivit les *Lettres Juives, Chinoises et cabalistiques*. Cette lecture charma Frédéric, qui l'appela à Berlin et lui donna la clef de chambellan. Le roi lui témoigna toujours une véritable affection et une préférence marquée. Après vingt-cinq ans de séjour à Berlin, d'Argens revint à Aix, où il vécut et mourut en philosophe.

grande bonté. J'apprends de lui et de ceux qui l'environnent bien des choses que je pourrai vous dire, et qui ne font qu'augmenter mon respect et mon attachement pour lui....

« N'imaginez pas que l'accueil que je reçois me tourne la tête; je n'en sens que mieux encore tout le prix de l'amitié, puisque toutes les satisfactions que peut désirer le plus avide amour-propre ne sauraient m'en dédommager. Ma voiture, à force de raccommodages et de réparations, m'a heureusement conduit ici, ou plutôt mon bagage, mes compagnons de voyage et mon domestique, car depuis Gueldres j'ai toujours été avec le prince de Prusse et son gouverneur dans sa voiture et presque toujours obligé, par les instances du gouverneur et les ordres du prince, de me mettre dans le fond, à côté de lui. Il est le plus simple, le plus gai et le plus aimable du monde[1], et son gouverneur, homme d'esprit et très instruit....

« J'avais bien raison, comme vous voyez, de craindre que le Roi ne fût plus à Wesel, car il est arrivé le 6 et en est reparti le 9 que je n'étais pas encore à Guel-

1. Frédéric élevait le prince avec sévérité et ne souffrait point qu'on lui rendît trop d'honneurs : « Je ne veux point que l'on témoigne à mon neveu trop de déférence, disait-il; je fais passer tous les généraux devant lui et s'ils témoignent trop de respect, je leur fais sentir que cela me déplait. Les princes ne savent que trop vite qu'ils sont princes, il faut avant tout qu'ils sachent qu'ils sont hommes et qu'ils ont besoin des hommes, c'est ainsi qu'on m'a élevé. » (*Mémoires de H. de Catt.*)

dres. Heureusement le tour que le Roi a fait dans le pays m'a permis de le joindre; grâce à cet événement, le voyage de Paris à Potsdam (non compris la voiture) ne m'a pas coûté 500 livres. Le retour sera plus cher.... Au reste, ce voyage me sera payé très certainement; le Roi m'a déjà dit là-dessus tout ce que je pouvais désirer, en entrant avec moi dans le détail de mes affaires et de ma fortune avec toute la bonté possible....

« J'écrirai aussi, s'il m'est possible, par ce courrier à Mme du Deffand.... Le Roi m'a demandé *si elle vivait encore;* apparemment Voltaire et Maupertuis lui en ont parlé. Vous croyez bien que je lui ferai ma cour de cette question; j'y joindrai deux ou trois mots du Roi, qui, je crois, la préviendront beaucoup pour lui.... »

D'Alembert, en effet, tint parole, et ne voulant pas se donner le tort d'un mauvais procédé, il déroba quelques minutes au roi et à Mlle de Lespinasse pour écrire à sa vieille amie Mme du Deffand. Nous citons sa lettre, qui complète le portrait qu'il a tracé de Frédéric :

« Vous m'avez permis, Madame, de vous donner de mes nouvelles et de vous demander des vôtres; je n'ai rien de plus pressé que d'user de cette permission. Je suis arrivé ici le 22, après un voyage très heureux et très agréable; ce voyage n'a même pas été aussi fatigant que j'aurais pu le craindre, quoique j'aie souvent couru jour et nuit; mais le désir que j'avais de voir le Roi et l'ardeur de le suivre depuis Gueldres, où je l'ai trouvé, jusqu'ici, m'a donné de la force et du courage. Je ne vous ferai point d'éloges de ce prince, ils seraient suspects dans ma bouche : je vous en raconterai seulement deux traits qui vous feront juger de sa manière de penser et de sentir.

« Quand je lui ai parlé de la gloire qu'il s'est acquise, il m'a dit avec la plus grande simplicité qu'il y avait furieusement à rabattre de cette gloire : que le hasard y était presque pour tout et qu'il aimerait bien mieux avoir fait *Athalie* que toute cette guerre; *Athalie* est en effet l'ouvrage qu'il aime et qu'il relit le plus; je crois que vous ne désapprouverez pas son goût en cela, comme sur tout le reste de notre littérature, dont je voudrais que vous l'entendissiez juger.

« L'autre trait que j'ai à vous dire de ce prince, c'est que le jour de la conclusion de cette paix si glorieuse qu'il vient de faire, quelqu'un lui disant que c'était là le plus beau jour de sa vie : *le plus beau jour de la vie*, dit-il, *est celui où on la quitte*. Cela revient à peu près, Madame, à ce que vous dites si souvent, *que le plus grand malheur est d'être né*.

« Je ne vous parlerai point, Madame, des bontés infinies dont ce prince m'honore; vous ne pourriez le croire et ma vanité vous épargne cet ennui. Je ne vous parlerai point non plus de l'accueil que Mme la duchesse de Brunswick, sœur du roi, et toute la maison de Brunswick a bien voulu me faire. Je me contente de vous assurer que dans l'espèce de tourbillon où je suis, je n'oublie point vos bontés.... J'oubliais de vous dire que le Roi m'a parlé de vous, de votre esprit, de vos bons mots et m'a demandé de vos nouvelles.

« Je n'ai point encore vu Berlin, mais Potsdam est une très belle ville, et le château où je suis est de la plus grande magnificence et du meilleur goût[1]. »

[1]. Mme du Deffand répondit au philosophe, le 7 juillet :

« Vous êtes dans une mer de délices; nul plaisir, nulle satisfaction ne vous manque; tous vos sentiments, tous vos goûts sont satisfaits; vous ne seriez point accusé de vanité quand vous auriez la tête tournée, qui est-ce qui ne l'aurait pas? Vous avez essayé de tourner la mienne en m'apprenant que le roi auprès de qui vous êtes a proféré mon nom : comment lui est-il parvenu? Il sait donc mes malheurs et apparemment le mot de saint Denis*? Je n'oserais former le désir qu'il pût savoir toute mon admiration. Son estime pour vous et pour *Athalie* est bien conforme à ce que je pense. Je ne saurais être d'accord que le plus beau moment de la vie est celui où on la quitte, quoique je sois bien pénétrée que le plus malheureux est celui où l'on y entre. Mais comment le roi de Prusse peut-il ne pas trouver la vie délicieuse? Ne devrait-on pas désirer d'être éternel quand on réunit tant de grands avantages et tant de différents bonheurs ? »

* Elle avait répondu à une personne qui lui parlait de saint Denis décapité et parcourant une assez longue distance sa tête sous son bras : « Oh, en pareil cas, il n'y a que le premier pas qui coûte. »

Pendant que d'Alembert échangeait avec Mme du Deffand cette brève correspondance, un événement assez singulier se passait à Paris. On sait quelles difficultés le gouvernement avait soulevées contre le système de l'inoculation. Cependant il s'était peu à peu relâché de sa rigueur et le duc d'Orléans, en 1754, avait pu faire inoculer ses enfants par le célèbre docteur Tronchin. Cet exemple, venu de haut, fut suivi par un assez grand nombre de personnes, mais en 1763 un accident survint à la suite d'une inoculation : aussitôt le Parlement de Paris, sur le réquisitoire de maître Omer Joly de Fleury[1], donne un arrêt qui défend provisoirement « de se faire inoculer dans les villes et faubourgs du ressort jusqu'à ce que les facultés de médecine et de théologie aient prononcé sur le fait de l'inoculation, ce qui leur est enjoint par le même arrêt[2]. »

Consulter la Faculté de théologie sur le plus ou moins d'à-propos de l'inoculation parut, en gé-

1. Omer Joly de Fleury (1715-1810) nommé avocat général au grand Conseil en 1737, il devint en 1746 avocat général au Parlement de Paris. En 1768 il arriva à la présidence de la même cour. Ses réquisitoires ont été violemment attaqués par Voltaire.
2. L'arrêt est du 8 juin 1763.

néral, une bouffonnerie. On en rit beaucoup à Sans-Souci, et d'Alembert revient à plusieurs reprises sur cet arrêt au moins étrange :

« Sans-Souci, 22 juin 1763.

« Vous auriez bien dû m'instruire plus en détail, mande-t-il à Mlle de Lespinasse, de cet arrêt du Parlement contre l'inoculation; cela est bien singulier sans m'étonner ; voilà où les Parlements en sont et en seront encore longtemps, même après avoir chassé les jésuites. Je conterai aujourd'hui cette nouvelle sottise française au Roi, qui sûrement la trouvera comme elle est, ayant cependant d'ailleurs beaucoup d'estime et de goût pour notre nation et nulle rancune contre personne.

« Hier le Roi me fit voir sa bibliothèque de Sans-Souci, qui est peu nombreuse mais bien choisie; il y resta environ une heure à me montrer ses livres et à causer avec moi; il me mena à son concert, qu'il donna hier pour la première fois, et où il joua admirablement de la flûte; il eut même la bonté de jouer à ma prière un solo qu'il a composé et dont je fus très content pour la musique et l'exécution; il en a fait deux cents que j'ai vus hier dans son cabinet. Quel homme! et où trouve-t-il du temps pour tout cela? Le matin, j'avais vu les tableaux de la galerie dont un grand nombre est de la plus grande beauté; je me fais bien un plaisir de les voir plus en détail....

« Le 24. — Le Roi a pensé sauter au plancher de surprise quand je lui ai appris le bel arrêt du Parlement. Au nom de Dieu, envoyez-moi là-dessus plus de détails, nous n'en pouvons revenir, tous tant que nous sommes. Milord Maréchal dit que le Parlement défendra bientôt de se faire faire la barbe, parce que cela est *contre la nature* et même assez contre la religion, comme on le peut prouver par l'Écriture. Le Roi en a parlé hier à plusieurs reprises en disant que ce n'était pas possible, il en a vingt fois levé les épaules, en observant combien il est rare et difficile que ce qu'on appelle *Corps* ait le sens commun. Il nous a dit à cette occasion qu'il n'avait jamais assemblé de conseil de guerre qu'une fois en sa vie, et qu'il avait juré que ce serait la dernière après avoir entendu déraisonner en corps des gens qui raisonnaient assez bien en particulier.

« Je voudrais que vous pussiez entendre ce prince, vous seriez enchanté de la justesse de son esprit, de celle de son goût et surtout de la manière dont il parle de ses ennemis, dont il excuse les fautes et dont il cherche même à motiver, par des apparences honnêtes, les mauvaises disposition où l'on a pu être à son égard. Hier, l'après-midi, je me promenai avec lui dans sa galerie de tableaux: nous y fûmes près de deux heures et il me parut raisonner peinture aussi bien qu'il raisonne guerre et politique.

« Si vous voulez savoir la vie que nous menons, elle

est fort simple; nous nous levons quand nous voulons : le matin nous écrivons, lisons, ou nous promenons; à midi et demi le Roi dîne avec son neveu, un ou deux généraux, milord Maréchal, le marquis d'Argens et moi; nous sommes à table environ deux heures, dont il en cause plus d'une sans manger; il se retire ensuite et se promène quelquefois l'après-midi avec celui de nous qu'il rencontre, ou se promène tout seul; on soupe à neuf heures et on va se coucher à onze heures ou à minuit au plus tard, selon que la conversation se prolonge.

« Milord Maréchal est d'excellente compagnie, vrai philosophe, voyant toutes les choses du monde comme elles sont et faisant des histoires excellentes avec un air de bonhomie qui les rend encore meilleures. Le marquis d'Argens est un très bon homme, parlant assez bien, assez instruit et valant beaucoup mieux dans sa conversation que dans ses livres[1].

---

1. « Le marquis d'Argens, disait Frédéric à de Catt, est l'honnêteté même, je puis faire compte entièrement sur elle, il a beaucoup de littérature; s'il avait plus de goût qu'il n'a, il pourrait être mis au rang des bons littérateurs de ce siècle; il est, comme vous l'aurez remarqué, toujours assez malpropre et goulu, mais je lui passe ces petits défauts en faveur de ses qualités morales, si vraies, si pures et si intéressantes; je l'aime et je l'estime du fond de mon cœur; nous nous disputons souvent, car il veut toujours plus savoir que moi, Il se fâche quand je lui soutiens le contraire, mais il revient vite de ses fâcheries et il finit toujours la dispute par quelque plaisanterie provençale. » (*Mémoires de H. de Catt.*)

« On dit que nous allons dans quelques jours à Berlin, ce sera une nouvelle matière pour notre commerce. Je n'ai vu encore qu'un moment la ville de Potsdam, qui est très belle, les rues bien alignées et bien larges, les maisons presque toutes décorées d'architecture, mais peu de monde dans les rues, où on ne rencontre guère que des soldats et des officiers. Le château est très beau et bien bâti, et annonce tout à fait la demeure d'un grand Roi. »

« Le 25. — Le Roi me paraît plus aimable de jour en jour, et dans tous nos dîners et soupers la conversation est on ne peut pas plus agréable et même fort gaie. Je me promène quand le temps le permet. M. de Breteuil a passé hier par Potsdam en revenant de Russie[1]; il a demandé à voir le roi; on lui a répondu qu'il était à la campagne et qu'il ne voyait personne; c'est du moins ce qu'on dit ici, je ne suis qu'historien. »

Les marques d'estime que Frédéric prodiguait à d'Alembert et dont l'encyclopédiste fait si volontiers l'énumération, n'étaient pas absolument désintéressées. Le roi n'avait pas abandonné

1. Breteuil (Louis-Auguste le Tonnelier, baron de) (1733-1807), militaire, puis diplomate. En 1758 Louis XV l'envoya en qualité de ministre plénipotentiaire près de l'électeur de Cologne ; en 1760 il passa en Russie et il occupa successivement les postes de Stockholm, de Vienne, de Naples. En 1783 il fut ministre d'État.

ses anciens projets, il caressait plus que jamais l'espoir de garder le philosophe près de lui, et, dans ce but, il ne lui ménageait ni les avances ni les flatteries; d'Alembert s'attendait à tout moment à recevoir la proposition d'une installation définitive à Berlin. Bien qu'il fût décidé à la repousser, on comprend qu'il ne pouvait qu'être très flatté du prix que le monarque paraissait attacher à sa présence.

Le 27 juin d'Alembert écrivait encore de Sans-Souci à Mlle de Lespinasse; il lui parlait des espérances du roi, mais en même temps il s'empressait de calmer les inquiétudes que de pareils projets auraient pu inspirer à sa jeune amie, et il l'assurait que jamais il ne consentirait à rompre les liens qui l'attachaient à Paris :

« A Sans-Souci, ce 27 juin 1765.

« Je ne vous répéterai point, pour ne pas vous ennuyer, à quel point le Roi est aimable et toutes les bontés dont il me comble. Hier, après son concert, je me promenais avec lui dans son jardin ; il cueillit une rose et me la présenta en ajoutant *qu'il voudrait bien me donner mieux*. Vous sentez ce que cela signifie, et ce n'est pas la première fois que ce prince m'a parlé sur ce ton-là; je m'attends même à des propositions plus sérieuses et plus détaillées; du moins j'ai tout lieu de le croire par différents propos que le marquis d'Argens et le secrétaire du roi, M. de Catt[1], m'ont déjà jetés en avant. Vous savez d'avance quelles sont mes dispositions, ainsi je n'ai rien à ajouter là-dessus; mais je vous rendrai compte avec détail et avec vérité de tout ce qui pourra se passer à ce sujet....

« .... Oui vraiment nous avons lu dans les gazettes la belle histoire de la Condamine[2]; le Roi en a beaucoup ri et trouve plaisant d'appeler une nation *barbare* pour *deux shillings* qu'il s'est laissé voler. Ce n'est pas le tout d'être importun, il faudrait tâcher de n'être point plat. »

La Condamine était sourd. S'étant rendu en Angleterre, il descendit dans un hôtel garni; mais son domestique, obligé pour lui parler de crier, faisait un tel bruit que les autres habitants n'y

---

1. Catt (Henri-Alexandre de), né à Morges, sur les bords du lac de Genève, remplaça en 1752, comme lecteur du roi, l'abbé de Prades, qui avait été emprisonné dans la forteresse de Magdebourg pour crime d'espionnage.

2. Condamine (Charles-Marie la) (1701-1774), de l'Académie des Sciences, de l'Académie française, de la Société royale de Londres, des Académies de Berlin, de Pétersbourg, etc. Il fit un voyage à l'équateur pour déterminer la grandeur et la figure de la Terre; son absence dura dix ans et il eut à supporter des fatigues et des maux sans nombre. Son originalité est restée célèbre.

purent résister et menacèrent de déserter en masse si on ne l'expulsait. La maîtresse de l'hôtel le pria donc d'aller chercher un gîte ailleurs; il refusa énergiquement de s'en aller et de payer ce qu'il devait; on dut recourir à la force armée. Le lendemain il publia dans un journal une adresse au peuple anglais, l'informant qu'il était le peuple « le plus sauvage de l'Europe et de l'Univers[1] ».

Presque chaque jour d'Alembert écrivait à Mlle de Lespinasse, lui rendant un compte fidèle et exact des moindres incidents de son existence :

« 28 juin 1765. Jour de la poste.

« Notre journée d'hier n'a pas été fort chargée d'événements; le Roi est resté dans sa chambre jusqu'au soir à travailler et à faire diète; le dîner n'en a pas été plus amusant, car il y est en vérité bien nécessaire.

---

1. « Cela est bien près de la vérité, disait Walpole, et cependant je n'aurais jamais injurié les Iroquois à leur face et dans une de leurs propres gazettes. » La Condamine faisait du reste la joie de la population de Londres. Il ne sortait qu'armé d'un parapluie, d'un cornet à mettre dans l'oreille, d'un télescope, d'un compas et d'un plan de Londres toujours déployé. Il ne comprenait pas un mot d'anglais, ce qui ne l'empêchait pas d'interroger tous les passants.

On dit toujours que nous allons incessamment à Berlin, mais on ne dit pas le jour précisément; il serait possible que ce fût demain et je le voudrais, parce que le lendemain j'irai à l'Académie, où je veux et dois me présenter....

« L'ouvrage et les livres que j'ai apportés ici me sont d'une grande ressource, car excepté le Roi qui ne paraît guère qu'aux heures du dîner et du souper et à celles de la promenade, il y a ici peu de société. J'imagine que M. le président Hénault[1] aura reçu la lettre où je lui ai parlé du Roi et de ce qu'il m'a dit à son sujet; le Roi fait beaucoup de cas de son livre et m'en parlait encore hier; il voudrait seulement qu'il ne l'augmentât pas davantage et que d'un abrégé il ne finît pas par faire une histoire; il préfère la première édition aux suivantes. »

Le séjour à Sans-Souci offrait peu de distrac-

---

1. Hénault (Charles-Jean-François) (1685-1770) a joué un grand rôle dans la société littéraire du dix-huitième siècle. Reçu conseiller au parlement en 1706, il devint président en la première chambre aux enquêtes en 1710. Il eut une liaison célèbre avec Mme du Deffand; quand il mourut cependant la vieille aveugle déclara n'avoir perdu qu'une connaissance. Le président avait fait paraître en 1744 un *abrégé chronologique de l'histoire de France*, abrégé qui fut fort apprécié, puisque huit éditions successives parurent du vivant de l'auteur. Mais à chaque nouveau tirage on faisait des additions, et c'est ce que Frédéric blâmait, non sans raison.

tions, car la société manquait absolument; d'Alembert se montrait donc fort impatient de se rendre à Berlin, où il comptait trouver beaucoup d'amis et d'admirateurs. Fort heureusement, le 30 juin, Frédéric donne le signal du départ pour Potsdam. Ce déplacement tant désiré provoque une recrudescence d'enthousiasme de la part du philosophe pour son hôte :

« A Sans-Souci, le 30 juin 1763.

« Nous allons dîner et coucher aujourd'hui à Potsdam et on dit que nous partons demain pour Berlin, ce sera peut-être de là que je finirai ma lettre; le Roi est toujours aussi digne d'attachement et de respect par la simplicité de sa conversation et de sa personne. Quoiqu'il n'ait ici que très peu de personnes avec lui, il est tellement attentif à ne gêner qui que ce soit, qu'il va souvent se promener tout seul, et qu'il faut épier les moments où il quitte son travail pour jouir du plaisir de sa conversation, où il y a beaucoup à apprendre et à profiter.

« Je vous prie de dire à Mme de Montrevel, en l'assurant de mes très humbles respects, qu'hier, dans la conversation, il eut occasion de me parler de M. le duc de Praslin[1], et me dit que sur quelques dépêches

1. Praslin (César-Gabriel de Choiseul, duc de) (1712-1785), pair

qu'il avait vues de lui par hasard, il lui paraissait un très honnête homme et un ministre très sensé.

« Je puis vous assurer que ceux qui ont décrié et qui peut-être décrieront encore ce prince le connaissent bien peu, il est impossible d'être moins porté qu'il l'est à la médisance et plus enclin à voir toutes choses du bon côté.

« Je voudrais que le roi de France pût entendre la manière dont il parle de lui, assurément ces deux princes ne seraient jamais ennemis. »

« A Potsdam, le 1ᵉʳ juillet 1763.

« Nous sommes en effet venus hier dîner et coucher ici. Je viens de voir manœuvrer six bataillons des plus belles troupes du monde, qui, en vérité, n'ont pas l'air d'avoir fait une guerre si longue et si cruelle, tant elles sont lestes et bien vêtues. La journée était la plus belle du monde et la plus favorable pour cela, car il n'a fait ni vent, ni pluie, ni soleil. Le Roi était à la tête et a fait lui-même manœuvrer ses troupes.

« J'ai oublié de vous dire qu'avant-hier son secrétaire me remit de sa part un rouleau de cent louis pour les frais de mon voyage, qui vraisemblablement ne mon-

de France, lieutenant général, ministre d'État, ambassadeur à Vienne en 1758. Il devint en 1766 ministre des affaires étrangères. Il signa le traité de 1763, qui mettait fin à la malheureuse guerre de Sept Ans. Il quitta les affaires étrangères pour la marine et fut disgracié en 1770 en même temps que son cousin.

teront pas si haut, L'altération des monnaies, à laquelle le Roi a été forcé par la guerre, rend ici les denrées assez chères et occasionne un peu de volerie et de friponnerie de la part des marchands et surtout des juifs dans le changement des espèces ; mais tout sera bientôt réparé, grâce aux travaux infatigables du Roi, qui encore ce matin était levé à quatre heures. Milord Maréchal a raison, c'est le premier des philosophes, et si vous pouviez le voir et l'entendre, vous concluriez que rien n'est plus vrai.

« Je puis vous assurer qu'indépendamment de mon respect et de mon attachement pour lui, sa personne, sa manière de vivre, son application à ses affaires, son affabilité, sa gaieté, les lumières qu'il a sur tout, le rendent vraiment digne de la curiosité des sages et même de ceux qui comme moi ne le sont guère. Malheureusement il est presque la seule personne de son royaume avec qui on puisse converser, du moins de ce genre de conversation qu'on ne connaît guère qu'en France et qui est devenu nécessaire quand on le connaît une fois.

« Sans Milord Maréchal je vivrais ici presque seul avec mes papiers et mes livres ; il m'est d'une grande ressource et je le lui rends un peu, car il me semble qu'il m'aime beaucoup ; ses histoires me font beaucoup rire, surtout par la naïveté avec laquelle il les conte. Malheureusement il nous quitte le 20 de ce mois et il s'en va en Écosse, où il se retire pour y passer le reste de ses jours avec Jean-Jacques, qui ira le trouver. »

Milord Maréchal venait de se lier étroitement avec Jean-Jacques Rousseau. Gouverneur du comté de Neuchâtel quand l'auteur d'*Émile*, chassé de France et de Genève, y vint chercher un refuge, il accueillit l'exilé avec la plus grande distinction et il n'hésita pas à le protéger contre l'intolérance religieuse des habitants. Une étroite affection naquit bientôt entre eux, et Milord Maréchal eut la rare fortune de vaincre l'humeur farouche et soupçonneuse de Jean-Jacques; non seulement le solitaire de Motiers se fit sociable pour son nouvel ami, mais encore il renonça en sa faveur au principe qu'il s'était posé et accepta de lui une pension, alors que peu de temps auparavant il avait repoussé celle que lui offrait le roi de Prusse. Leur intimité devint telle qu'ils projetèrent de finir leurs jours ensemble dans une douce retraite. Le gouverneur de Neuchâtel, fatigué des tracasseries incessantes des habitants, demanda son congé et l'obtint. Il partit pour Berlin faire ses adieux à Frédéric avant de retourner en Écosse, son pays natal, où Jean-Jacques devait le rejoindre le plus tôt possible.

« 1ᵉʳ juillet 1763.

« Ce Jean-Jacques est un drôle de corps, écrit d'A-lembert, il a dit à Milord Maréchal qu'il irait d'autant plus volontiers en Écosse qu'il n'entendait pas la langue du pays; il est très vrai que le roi avait donné des ordres à Milord Maréchal, non seulement de lui donner asile, mais de lui fournir tout ce qui lui serait nécessaire; il l'a refusé et c'est à l'occasion des remontrances que Mme de Boufflers[1] lui a faites à ce sujet, et qui étaient très raisonnables, qu'il s'est brouillé avec elle; il a écrit au roi *de remettre dans le fourreau son épée qui l'éblouissait* (lui Jean-Jacques); ce sont ses propres termes, et en même temps il a écrit à Milord que s'il n'acceptait point les offres du Roi, c'était à cause de la guerre qu'il faisait et qui lui causait déjà assez de dépenses, et qu'on verrait à la paix si c'était par fierté qu'il refusait ces mêmes offres; qu'il connaissait pour la première fois ce prince, dont il n'avait

---

1. Boufflers (Marie-Charlotte-Hippolyte, comtesse de) (1724-1800). Dame de compagnie de la duchesse d'Orléans, elle devint la maîtresse du prince de Conti. Le duc de Lévis l'appelle « une des personnes les plus distinguées de son temps par son caractère et son esprit ». Voir, pour ses rapports avec Rousseau, *Voltaire et J.-J. Rousseau*, par Gaston Maugras. Paris, Calmann Lévy, 1886.

jugé auparavant que sur des ouï-dire, que sur ces ouï-dire il le haïssait autrefois beaucoup, mais que ce n'était pas le roi de Prusse qu'il haïssait, que c'était le prince dont on lui avait parlé et auquel le roi de Prusse ne ressemblait pas[1].

« Tout cela n'est pas trop raisonnable, mais voilà Jean-Jacques; et Milord Maréchal, tout en l'aimant beaucoup, le plaint et le juge tel qu'il est et trouve avec raison Frédéric bien plus philosophe que Jean-Jacques. Le Roi parle, ce me semble, très bien sur les ouvrages de Rousseau, il y trouve de la chaleur et de la force, mais peu de logique et de vérité; il prétend qu'il ne lit que pour s'instruire et que les ouvrages de Rousseau ne lui apprennent rien ou peu de chose; enfin il n'en est pas aussi enthousiasmé que vous, en rendant cependant justice à ses talents et en respectant son malheur et sa vertu.

« On dit, et cela est vraisemblable, que nous allons demain à Berlin. On ne sait jamais ce que le Roi doit faire que la veille au soir, et il faut comme pour le jour du Jugement se tenir toujours prêt à partir. Comme on me croit en grand crédit, je reçois ici beaucoup de lettres et de requêtes; mais comme en effet je n'ai ni ne veux avoir de crédit et que le Roi trouverait avec raison très mauvais qu'un étranger se

---

[1]. Voir sur cet incident *Voltaire et Jean-Jacques Rousseau* (chap. VIII et XIII), par Gaston Maugras. Paris, Calmann Lévy, 1886.

mêlât de tant de choses, je réponds à tous mes solliciteurs que je ne suis ici que pour lui faire ma cour, nullement pour autre chose, et rien n'est plus vrai, et il mérite bien à tous égards qu'on vienne chez lui pour lui-même. »

D'Alembert profitait de ses loisirs pour visiter les environs de la résidence royale, et tout ce qu'il voyait ne faisait qu'augmenter son admiration pour Frédéric.

Le roi avait tracé lui-même tous les plans de la ville et du château, dessiné le parc et les jardins. Il se montrait avec raison fier de son œuvre et en parlait volontiers. Un soir, pendant la guerre de Sept Ans, s'entretetenant avec de Catt du spectacle affligeant qui les environnait et en même temps de la gloire éphémère des conquérants, le monarque ne put s'empêcher de se rappeler son cher Potsdam qu'il avait quitté depuis si longtemps :

« Ah! du diable la belle gloire, s'écriait-il, des villages brûlés, des villes en cendre, des milliers d'hommes infortunés, autant de massacrés, des horreurs de toute part, finir enfin soi-même, n'en parlons plus, les cheveux me dressent à la tête. Ah! Potsdam!

voilà ce qu'il nous faut pour être heureux ; quand vous verrez cette ville, je suis sûr qu'elle vous plaira ; c'était une bicoque du temps de mon père : s'il y revenait, sûrement il ne reconnaîtrait plus sa ville, tant je l'ai embellie ; j'ai choisi les plans de ce qu'on a bâti de plus beau en Europe et surtout en Italie, je les fais exécuter en petit, et selon mes moyens. Les proportions sont bien observées, tous les bâtiments que j'ai fait faire intéressent, vous en conviendrez. J'aime à bâtir et à orner, je l'avoue, mais je fais cela de mes épargnes, et l'État n'en souffre point.... vous n'avez pas d'idée combien d'argent j'ai mis pour rendre mon Potsdam agréable, j'aurais honte de vous dire combien mon Sans-Souci me coûte, je regretterais à jamais les dépenses que j'y ai faites, en tableaux, en statues, en antiques, en colonnades, en jardins, si, comme je vous l'ai dit, je n'avais pas fait tout cela de mes petites épargnes. »

Ce palais, ces jardins, cette ville qu'il avait créés et qui lui tenaient tant au cœur, Frédéric les montrait avec orgueil à d'Alembert et le philosophe émerveillé s'extasiait sur le génie universel de son hôte et sur la sage et prudente administration qu'il avait su introduire dans ses États :

« Ce 2 juillet 1763, jour de la poste.

« Nous ne partons point encore aujourd'hui pour Berlin. On dit même que nous n'y allons que lundi ou mardi, ainsi j'ai le temps de vous dire encore un mot....

« Hier, je fus me promener avec mon fidèle Milord sur une hauteur près de la ville de Potsdam, d'où j'ai eu la plus belle vue du monde, une campagne très riante et très ornée, occupée par une grande rivière, qui fait mille détours et qui est très commerçante. La ville de Potsdam, au milieu de cette plaine, paraissant sortir du sein des eaux, le château de Potsdam offrant avec celui de Sans-Souci le plus bel aspect. Je puis vous assurer qu'à l'exception de la vue de Lyon sur la montagne de Fourvières, que je ne trouve pas même aussi belle, je ne connais rien en France de comparable à cette vue-ci ; mais ce qui m'a surtout enchanté dans ma promenade, ç'a été un village de cent cinquante feux, composé de maisons bien construites que le Roi lui-même a fait bâtir, toutes séparées les unes des autres pour éviter l'inconvénient des incendies, et chacune ayant un assez grand jardin bien cultivé.

« Ces maisons sont occupées par des familles ou brandebourgeoises ou étrangères que le Roi y a fait venir. Il a donné à chacune une habitation, et, ce qui est plus singulier, il les a dispensées de toute taxe quelconque; ils ne payent absolument rien; c'est ce que le Roi me dit hier lui-même, ajoutant que ces familles ne savaient pas même que le pays fût en guerre; elles ont un curé ou ministre que le Roi paye, afin qu'il n'en coûte pas, m'a-t-il dit, la moindre chose aux habitants, même pour aller à l'église. Si ce prince n'est pas digne d'être Roi, je ne sais pas qui le sera. J'ai trouvé dans ses États très peu de pauvres; avant la guerre même, il n'y avait pas un seul mendiant, on n'en souffrait pas; la misère en a produit quelques-uns, mais tout cela cessera bientôt. Les paysans travaillent, mais ils sont bien vêtus et ont l'air contents et nourris. Voilà ce que produit une bonne administration dans les sables du Brandebourg. »

Dans le récit qu'il avait adressé à Mlle de Lespinasse sur sa réception à la cour de Brunswick et sur les attentions sans nombre dont il avait été l'objet, d'Alembert avait négligé une des particularités les plus importantes, du moins il la jugeait telle, puisqu'il y revint assez longtemps après avoir quitté Brunswick. Il est assez plaisant de voir l'encyclopédiste raconter avec satisfaction qu'on l'a honoré du titre de marquis et que malgré ses dénégations obstinées, il est resté le marquis d'Alembert :

« 2 juillet 1763.

« J'aurais pu vous écrire de Brunswick pendant mon séjour, mais deux raisons m'en ont empêché : la première, c'est que nous étions à la campagne à plus d'une lieue de la ville, la seconde, c'est que le Roi, qui comptait n'y être qu'un jour, y en est resté trois par complaisance pour Mme la duchesse de Brunswick, sa sœur, et que, comptant partir d'un jour à un autre et même du matin au soir, nous ne sommes arrivés que le 21 au lieu du 18 ou du 19. J'ai toujours oublié de vous dire qu'à la cour de Brunswick on s'est obstiné à m'appeler le marquis d'Alembert, quoique je leur aie bien assuré que je n'avais pas l'honneur d'être marquis. On prétend que c'est l'usage dans les petites cours d'Allemagne de donner à tous les gens qu'on veut recevoir avec distinction, le titre de marquis, de comte ou de baron; tout cela ne fait ni bien ni mal; peut-être aussi fallait-il me supposer un titre pour être admis, comme je l'ai été moi seul d'étranger, à la table de la famille ducale, quoiqu'il ne m'en faille aucun, Dieu merci, pour être admis à celle du Roi. »

Frédéric, nous le savons, cherchait à retenir définitivement d'Alembert à Berlin. Le séjour prolongé du philosophe offrait une occasion toute naturelle de renouveler des tentatives restées jusqu'alors infructueuses; le roi n'y manqua pas, mais, ne voulant pas brusquer son hôte, il commença d'abord par de discrètes allusions à la présidence de l'Académie. Cette présidence était restée vacante depuis la mort de Maupertuis, survenue en 1759.

« A Sans-Souci, ce 5 juillet 1763.

« Nous n'avons point encore été à Berlin, le Roi est revenu ici, où il sera quelques jours; il me dit hier qu'il fallait que je visse l'Académie et tout ce qui lui appartient pour en juger par moi-même. Je crus entendre ce que cela voulait dire, et je lui répondis que c'était bien aussi mon projet, mais que mon premier objet étant de lui faire ma cour, je n'irais à Berlin qu'avec lui. Du reste, mes dispositions sont toujours telles que vous me les avez vues et telles qu'elles seront toujours. Je mène ici une vraie vie de chanoine, mais la société (si on en excepte celle un Roi qu'on ne peut voir qu'à certaines heures) serait à la longue fort insipide et comme nulle; j'y supplée par la promenade et par la lecture. »

« A Sans-Souci, 9 juillet 1763.

« Nous sommes toujours ici et au moment de partir pour Berlin, où nous allons, dit-on, lundi prochain et de là à Charlottenbourg, à une lieue de Berlin, où l'on dit que le Roi recevra Mme la Margrave de Schwedt, sa sœur; cela m'est indifférent pourvu qu'il y soit, car sa société m'est bien nécessaire en ce pays-ci où bientôt je n'aurai plus Mylord Maréchal.

« Je ne vous rabâcherai point l'éloge de ce Prince; tout ce que j'en vois, tout ce que j'en apprends tous les jours me le fait aimer de plus en plus; vous aurez peut-être vu dans les gazettes qu'il m'a fait Président de son Académie; n'en croyez rien, je ne puis pas même dire qu'il m'ait offert cette place, mais je ne saurais douter qu'il ne désire beaucoup qu'elle me convienne, et je ne lui en ai que plus d'obligation de la discrétion qu'il a de ne m'en point parler. Je serai ami et philosophe jusqu'au bout, et certainement je serai de retour à Paris dans les premiers jours de septembre. Le Roi est déjà prévenu du voyage que je dois faire en Italie, il a eu la bonté de me dire qu'il désirerait bien être à portée de faire ce voyage avec moi, et je vous jure que j'en pense bien autant pour lui. Vous seriez étonnée de voir tous ses châteaux et toutes ses maisons. Tout est de son goût et de son dessin, et en vérité le mieux du monde, si on excepte ces raffinements de commodité qu'on ne connaît qu'en France et qu'un philosophe guerrier comme lui ne peut, ni ne doit connaître. Nous sommes dévorés de cousins, le Roi seul prétend qu'ils ne le mordent pas, et je lui ai dit qu'apparemment les cousins avaient appris de l'Europe à ne pas l'attaquer. »

« A Potsdam, ce 12 juillet 1765.

« Nous sommes revenus aujourd'hui de Sans-Souci, nous partons pour Berlin, où je compte rester quelques jours, peut-être même au delà du temps où le Roi y sera; il veut bien me le permettre, et même il le désire, afin que je voie en détail son Académie, dont il m'a parlé avant-hier plus encore qu'il n'avait fait. »

« A Charlottenbourg, le 16 juillet 1765.

« Marmontel[1] ne sera donc point de l'Académie? Je n'en suis pas surpris; il mérite d'en être; si j'étais à Paris je lui donnerais ma voix, quitte à la perdre, parce que je le crois, sans comparaison, le plus digne. Après tout, s'il n'est pas le confrère de Voltaire, de Buffon et de quelques autres, il peut s'en consoler, en pensant qu'il ne sera pas le confrère de ****, de ****; il faudrait en nommer vingt ou trente. S'il voulait absolument être d'une académie, je crois qu'il serait bien reçu dans celle-ci et même dans la Cour du Maître, dont je vous parlerai, quand j'aurai achevé de répondre à votre lettre. »

Il venait d'arriver à Marmontel une assez désagréable aventure, qui lui fit fermer un instant les portes de l'Académie. Le duc d'Aumont avait été

---

[1]. Marmontel (Jean-François) (1723-1799), poète, romancier et critique.

tourné en ridicule dans une parodie de la fameuse scène de Cinna. La satire fut attribuée à Marmontel[1], qui, sans autre forme de procès, fut jeté à la Bastille. Il perdit le privilège du *Mercure*, c'est-à-dire 18 000 livres de rente, et sa candidature à l'Académie échoua ; mais, rendu à la liberté, il publia sa *Poétique Française* : « c'est un pétard, dit-on, mis par l'auteur sous la porte de l'Académie pour la faire sauter, si on la lui ferme. » Le 22 décembre 1763, en effet, la savante compagnie l'accueillait dans son sein.

Jusqu'alors Frédéric n'avait abordé qu'à mots couverts avec son hôte la question de l'Académie et de sa Présidence : un jour, après une promenade avec le philosophe, il se décida à lui en parler ouvertement :

« Charlottenbourg, 16 juillet 1763.

« Il y a quelques jours que le Roi, après s'être promené avec moi dans sa galerie et avoir vu ses tableaux, me fit entrer dans sa bibliothèque et après m'avoir parlé de mes *Éléments de philosophie*, dont il est très

---

1. Elle était, paraît-il, de M. de Cury, intendant des menus, qu'on venait de remercier et qui cherchait à se venger du duc d'Aumont.

content et qu'il voudrait que j'étendisse un peu, il me demanda si je n'aurais pas pitié de ses *pauvres orphelins;* c'est ainsi qu'il appelle son Académie.

« Il ajouta à cette occasion les choses les plus obligeantes pour moi, auxquelles je répondis de mon mieux, mais en lui faisant connaître cependant la ferme résolution où j'étais de ne point renoncer à ma patrie ni à mes amis. Je dois à ce prince la justice de dire qu'il sent toutes mes raisons, malgré le désir qu'il aurait de les vaincre; il est impossible de me parler sur cela avec plus de bonté et de discrétion qu'il ne l'a fait. Il a fini la conversation par désirer au moins que je visse son Académie et les savants qui la composent. Je lui ai répondu que c'était bien aussi mon dessein. Le 13, au matin, nous sommes partis pour venir ici à une petite lieue de Berlin, et, le 14, j'ai profité du voyage pour aller voir la ville et l'Académie; j'y ai été reçu avec toutes les marques possibles d'estime et d'empressement; il me revient que j'ai eu le bonheur de réussir beaucoup auprès de tous les académiciens et qu'il n'y en a pas un qui ne désire que je sois leur président.

« En retournant à Charlottenbourg j'ai été voir le jardin des plantes, où il y a des choses fort curieuses. J'avais été voir la bibliothèque, qui mérite aussi d'être vue; j'oublie de vous dire qu'avant d'aller à l'Académie j'avais rendu visite à ceux des académiciens que je connaissais déjà par lettres et qu'ils m'y ont paru très sensibles; le grand Euler[1] m'a régalé d'un très beau mémoire de géométrie qu'il a lu à l'assemblée et qu'il a bien voulu me prêter sur le désir que je lui ai marqué de lire ce mémoire plus à mon aise. Le soir, je retournai auprès du Roi, que je trouvai se promenant tout seul (cela lui arrive souvent). Il me demanda si le cœur *m'en disait;* je lui répondis que tous ces messieurs m'avaient reçu avec toute la bonté possible et qu'assurément le cœur m'en dirait beaucoup, s'il ne me disait pas avec une force invincible pour les amis que j'avais laissés en France; que cela ne m'empêchait pas de m'intéresser comme je le devais au bien et à la gloire de l'Académie.

« Comme j'entrais avec lui dans quelques détails à ce sujet sur les différentes choses dont l'Académie me paraît avoir besoin : *Je suis bien aise,* me dit-il, *de l'intérêt avec lequel vous me parlez de tout cela, j'espère que cela ira plus loin,* ce qu'il accompagna d'un geste de bonté et d'amitié; mais, comme mon premier devoir est de ne point tromper ce prince, je n'ai pas eu la sottise, et je pourrais dire le mauvais procédé, de lui laisser sur cela aucune espérance; je retournerai à Paris à la fin d'août et j'y serai vers le 8 de septembre; j'irai en Italie avec Watelet[2] et je reviendrai ensuite

1. Euler (Léonard) (1707-1783), célèbre mathématicien, né à Bâle. Appelé en Russie par Catherine I⁽ʳᵉ⁾, il en partit en 1741 et vint à Berlin, où il fut reçu de l'Académie.
2. Watelet (Claude-Henri), littérateur et dessinateur (1718-

me renfermer dans ma coquille, content d'avoir vu le héros de ce siècle et d'avoir reçu de sa part quelques marques d'estime et de bonté ; j'en reçois si peu d'ailleurs !

« Vous seriez bien étonnée de l'entendre parler de nos auteurs et de nos pièces de théâtre, comme s'il avait passé toute sa vie à les lire ; je ne puis plus citer aucun endroit remarquable, surtout dans nos poètes, qu'il ne connaisse aussi bien que moi, qui n'ai guère eu d'autre chose à faire ; et ce qu'il y a de mieux encore, c'est qu'il en juge très bien et qu'il a le goût très sûr et très juste.

« Nous sommes ici dans un château très grand, dont le jardin est très beau et dont les appartements étaient magnifiquement meublés avant que les Russes y eussent tout brisé et tout arraché. A présent il n'y reste que les quatre murailles et je suis couché dans une chambre où il n'y a que trois chaises, une table et un lit sans rideaux ; les cousins m'y dévorent et m'importunent encore plus par leur bourdonnement que par leurs piqûres.

« Joignez à cela l'inquiétude où j'ai été depuis quinze

1786). Lié avec tout le parti philosophique, il entra à l'Académie française en 1760. Il a écrit, entre autres ouvrages, un poème sur l'art de peindre avec des gravures exécutées par lui-même : « Si le poème m'appartenait, disait Diderot, je couperais toutes les vignettes, je les mettrais sous des glaces et je jetterais le reste au feu. »

jours, et vous ne serez pas étonnée si je dors mal. Si quelque chose peut me consoler, c'est de penser que je ne déplais pas au Roi ; il a eu la bonté de s'expliquer là-dessus de la manière la plus obligeante avec différentes personnes de qui je le tiens.

« Nous avons ici à dîner le prince royal de Prusse, le jeune prince Henry, frère du prince royal, que le Roi me paraît aimer beaucoup, et qui a, dit-on, beaucoup d'esprit ; je ne l'ai pas vu assez longtemps pour en juger ; nos dîners sont un peu froids, parce que le Roi y admet beaucoup de ministres, de conseillers, de généraux ; les soupers sont plus gais, ou du moins d'une conversation plus animée, et le Roi me paraît ne s'y pas ennuyer ; il est vrai pourtant que sans Milord Maréchal et moi (car le marquis d'Argens est resté à Potsdam) on y garderait le silence comme au réfectoire de la Trappe, car tous ces autres messieurs ne disent mot et se contentent de rire quelquefois des contes que nous faisons. On dit que nous resterons deux jours à Potsdam, où il faut toujours m'adresser vos lettres....

« J'oublie de vous dire que la Reine de Prusse, qui est à Schönhausen à deux lieues d'ici, m'a fait dire qu'elle désirerait beaucoup de me voir et que j'aurai l'honneur d'aller lui faire ma cour dès que le Roi voudra bien me le permettre. Je crois même que je serai obligé de passer quelques jours à Berlin, où il y a beaucoup de choses et quelques personnes dignes d'être vues. Vous saurez des nouvelles de tout cela à condition que vous me donnerez des vôtres.

« La lettre que j'ai reçue du Président[1] est pleine d'éloges du Roi; je l'ai lue à Sa Majesté, qui m'y a paru fort sensible; cette lettre est en effet très jolie, je vous la garderai; Milord Maréchal, à qui je l'ai lue hier après avoir écrit au Président et cacheté ma lettre, m'a prié de lui en donner copie et m'a chargé de faire mille compliments à l'auteur; je vous prie de le lui dire. »

« A Charlottenbourg, le 18 juillet 1763.

« Milord Maréchal s'en ira le 21 et me laissera absolument seul, je dis absolument seul, car sans le Roi que je ne puis voir que des moments et le marquis d'Argens qui est souvent malade[2], je n'aurais personne avec qui converser. Je sais, à n'en pouvoir douter, que ma conversation ne déplaît pas au Roi: il a même eu la bonté de dire *que je fais du bien à son âme* (c'est l'expression dont il s'est servi) *et qu'il se trouvera fort dépourvu quand il ne m'aura plus;* mais notre destinée réciproque ne permet pas que nous passions nos jours ensemble; la sienne est d'être Roi

1. *Le président Hénault.*
2. Le marquis était quelque peu malade imaginaire et Frédéric, qui le raillait de ce travers, l'accusait « de vider les pharmacies de pilules et d'user tous les lavements des apothicaires ». (*Mémoires de de Catt.*)

et la mienne d'être libre. J'eus encore hier une conversation avec lui dans son cabinet ; dans celle-là il ne fut question de rien que de vers et de littérature ; il me lut plusieurs pièces de sa façon, où il y a en vérité beaucoup de très bons vers et d'autant plus surprenants que ces pièces ont été faites dans le temps de ses plus grands malheurs et des plus violentes crises qu'il ait éprouvées[1]. J'avais été l'après-midi voir la Reine, qui m'a très bien reçu, et j'ai fort à me louer aussi de toute sa cour.

« Ce matin j'ai vu manœuvrer le régiment des gardes à cheval ; cela est admirable malgré la poussière qu'il faut avaler, et je ne m'étonne pas que cette cavalerie soit si redoutable par la vigueur et la rapidité avec laquelle elle exécute ses mouvements. »

« A Potsdam, le 20 juillet 1763.

« Milord Maréchal est parti et prit hier congé du Roi les larmes aux yeux. Le Roi l'a embrassé avec toute l'amitié possible ; il perd en lui un bien galant homme, bien vraiment philosophe et de très bonne compagnie, surtout dans un pays où la compagnie n'est ni bonne ni mauvaise, car il n'y en a point.

1. Même dans les moments les plus critiques de la guerre de Sept Ans, même aux époques où sa situation paraissait désespérée, Frédéric passait plusieurs heures par jour à lire les auteurs français et à composer des vers. Les *Mémoires de de Catt* donnent à ce sujet de très curieux détails.

« Je vous ai parlé assez au long de Jean-Jacques dans une de mes lettres précédentes; il ira rejoindre Milord Maréchal en Écosse, mais ce ne sera que vers le printemps, à moins qu'il ne change d'avis, car l'Écosse est pour lui un théâtre bien obscur et bien sourd. Non, le roi de Prusse ne pense point à l'avoir, parce qu'il pense qu'il le désirerait inutilement, et puis, soit dit entre nous, parce qu'il ne s'en soucie pas extrêmement. Du reste, il parle de lui à tous égards avec beaucoup de justice et plaint bien sincèrement son malheur, les persécutions qu'il éprouve et les outrages qu'il essuie.

« L'abbé de Prades n'est point à Berlin, et je crois n'y reviendra jamais, il est à Glogau, assez mal à son aise et justement puni pour avoir manqué essentiellement au Roi qui cependant lui donne du pain[1].

« Le Roi me parle souvent de Voltaire et en vérité on ne peut pas mieux sur tous les points. On ne sau-

---

1. Prades (Jean-Martin de) publia en 1751 une *Thèse* qui provoqua un grand scandale; décrété par le parlement, il se réfugia en Prusse, où le roi, sur la recommandation de Voltaire, le prit comme lecteur. « L'abbé de Prades, disait Frédéric, a un esprit naturel, des saillies, une étourderie étonnante, un fond de malignité que l'on ne trouve que chez les prêtres; cette malignité lui a déjà attiré chez moi bien des affaires fâcheuses, il n'a de connaissances que celles de l'histoire ecclésiastique qu'il connaît assez bien. » (*Mémoires de de Catt.*) Pendant la guerre de Sept Ans l'abbé fut soupçonné de trahison et enfermé dans la citadelle de Magdebourg. La paix faite, Frédéric l'interna à Glogau, où il lui donna la ville comme prison.

rait avoir l'esprit plus droit et le goût plus juste que ne l'a ce prince. Je voudrais seulement qu'il ne me fît coucher trop tard. Je ne m'en plains pourtant pas, il est bien digne qu'on fasse pour lui des efforts et des sacrifices.

Vous avez vu ce *Testament philosophique* en vers dont vous me parlez et que Voltaire cite. Il a été imprimé dans le *Mercure* en 1757 ou 1758. Il commençait ainsi : *Croyez que si j'étais Voltaire*, etc., finissait par ces mots : *je dois.... penser vivre et mourir en Roi.* Du moins je ne connais point d'autre testament philosophique du Roi; je lui en parlerai à la première occasion et je vous ferai part de ce qu'il me dira là-dessus, car j'imagine qu'il ne me demandera pas le secret sur ces bagatelles. S'il est impénétrable dans les grandes affaires, il n'est nullement mystérieux dans les petites choses. »

« 22 juillet 1763.

« Je vous remercie des détails sur l'inoculation que vous m'écrivez, j'en ferai part ce soir au Roi. Je n'ai point de connaissance de ce *Catéchisme de l'honnête homme*, et je doute qu'il soit de Jean-Jacques Rousseau, précisément parce qu'on a affecté d'y mettre en abrégé les lettres initiales de son nom; je le croirais plutôt de Voltaire[1]....

1. Cet ouvrage est, en effet, de Voltaire.

« Oui, en vérité, vous auriez souvent du plaisir à nos conversations de dîner et de souper; celle d'hier au soir fut très morale et assez triste, quoique point froide. Elle roula sur le détachement des choses de la vie.... Ne vous flattez pourtant pas que j'en sois ni moins polisson à mon retour ni de meilleure contenance à table. Il est vrai que je ne polissonne pas ici, mais par cette raison même j'aurai grand besoin de me dédommager, et à l'égard du maintien de la table, c'est la chose du monde dont le Roi est le moins occupé, malgré son importance, et je ne pourrais m'instruire avec lui sur ce grand sujet.

« Tant mieux pour Marmontel et pour l'Académie, s'il parvient à en être. Je le préférerais à tous les Barthélemys du monde sans en excepter l'apôtre, mais je préférerais l'abbé Barthélemy[1] à un homme de cour inutile à l'Académie et aux lettres, et souvent nuisible. »

« 23 juillet 1765.

« Le Roi prétend que la réponse de la Sorbonne sur l'inoculation est la seule chose raisonnable qu'elle ait dite depuis son établissement, *et que cela est bien fort pour elle*[2]. »

1. Barthélemy (Jean-Jacques) (1716-1795), savant littérateur. Membre de l'Académie des inscriptions et belles-lettres, il fut nommé en 1753 garde du cabinet des médailles. En 1763 il reçut le *Mercure* qu'on enlevait à Marmontel.
2. La Sorbonne interrogée, comme nous l'avons vu, par le Parle-

« A Potsdam, le 25 juillet 1763.

« Je me trouve ici absolument isolé et sans aucune ressource que les bontés dont le Roi continue de me combler. Il est vrai que sans ces bontés, auxquelles il est juste que je réponde, je ne resterais pas un quart d'heure ici. Ce prince si grand et si aimable à tous égards a un grand malheur au milieu de sa gloire, c'est d'être trop au-dessus de tout le reste de la nation et de n'avoir personne ni pour le seconder dans ses travaux infatigables, ni pour le délasser de ses travaux par la conversation. Je m'y emploie de mon mieux et j'ose croire que j'ai gagné son amitié, malgré ma persévérance à résister à ses offres. Il est trop équitable pour ne pas sentir toutes les raisons que j'ai de ne point renoncer à ma patrie et à mes amis, et s'il me regrette, comme il a la bonté de me le dire, ce sera sans se plaindre de moi. Il est vrai que sans être à lui, on ne saurait lui être plus attaché que je le suis, surtout depuis que je suis à portée de voir le fond de ses sentiments pour ma nation. Sa conversation est charmante, gaie, douce et instructive; vous seriez charmée, vous que les détails de guerre ennuient et doivent ennuyer, de la clarté, de la précision et de la simplicité avec laquelle il en

ment sur la question de savoir s'il fallait ou non autoriser l'inoculation, avait eu l'esprit de répondre que ce qui regardait la santé n'était pas de son ressort.

parle; on voit bien qu'il est au-dessus de son sujet. Je lui parle souvent de sa santé et je lui fais des reproches du peu de soin qu'il en a, surtout par la quantité de fruits qu'il mange et qui est excessive. Dieu le conserve longtemps pour le bien de son pays et pour l'exemple de l'Europe!

« Je n'en dirai pas autant de M. de Lauraguais[1], dont les nouvelles sottises ne m'étonnent point. Sa lettre à M. de Bissy est pourtant assez bonne, du moins vers la fin. J'ai lu cette fin au Roi, qui l'a trouvée assez plaisante et qui d'ailleurs connaît bien l'auteur pour ce qu'il est, car il l'a vu ici et ne l'a que trop vu; vous ne sauriez croire le ridicule dont cet arrêt sur l'inoculation couvre le parlement de Paris; il ne se relèvera pas d'avoir consulté, sur une chose de cette espèce, la *Faculté de théologie*, qu'il a d'ailleurs si fort vilipendée. Il n'y a que la Condamine qui se soit rendu aussi ridicule par sa belle requête aux magistrats de Londres. Il est vrai que c'est la petite pièce. Avouez qu'en gros et en détail nous donnons une grande idée de nous aux autres nations. »

Indigné de l'arrêt du Parlement, M. de Laura-

[1]. Lauraguais (Louis-Léon-Félicité, duc de Brancas, comte de) (1733-1824). Après avoir débuté dans la carrière des armes, il la quitta en 1758. Ses démêlés avec Sophie Arnould sont restés célèbres. Il s'occupait de mille sujets divers et prodiguait les brochures sans compter. En 1814, il fut nommé pair de France par Louis XVIII.

guais avait pris en main la cause de l'inoculation avec toute la fougue qu'il apportait dans ses engouements. Il composa un *mémoire sur l'inoculation*, et le lut à l'Académie des sciences[1], mais la compagnie lui défendit de le faire imprimer s'il n'en enlevait pas toutes les personnalités. Lauraguais écrivit alors au comte de Saint-Florentin en le priant de soumettre son *mémoire* au roi; il s'adressa également à M. de Bissy; il lui disait :

« N'imaginez-vous pas que M. Omer de Fleury ainsi que le Parlement ont dit : « Il faut bien essayer à quoi la faculté de théologie peut être bonne : nous la faisons déjà taire en théologie, voyons si on peut l'écouter en physique, et si elle radote sur l'inoculation ainsi que sur les sacrements, nous lui défendrons d'ouvrir à jamais la bouche que pour la consécration, ce qui ne tire point à conséquence. »

Cette tirade impertinente fit crier au blasphème, et le défenseur de l'inoculation reçut une lettre de cachet. Il fut enfermé à la citadelle de Metz[2].

---

[1]. Il s'occupait de chimie et de physique, et en 1758 avait été nommé adjoint mécanicien à l'Académie des sciences.
[2]. Lorsque l'exempt chargé de la lettre de cachet se présenta,

Frédéric, qui ne croyait pas à la médecine, se moquait avec d'Alembert, de l'acharnement étrange qu'on apportait en France à ces questions, et des passions politiques et religieuses qu'elles soulevaient.

Après avoir accablé de ses sarcasmes et la Sorbonne et la Faculté de théologie et le Parlement, le roi donnait volontiers à son philosophe un spécimen de ses talents variés. Tantôt il lui lisait ses poésies, que l'encyclopédiste avait la faiblesse de trouver fort agréables, tantôt il lui jouait sur la flûte des morceaux de sa composition. Mlle de Lespinasse était fidèlement mise au courant et dans les moindres détails de l'existence de son correspondant :

« 25 juillet 1763.

« Dites à M. d'Ussé que le roi de Prusse ne fait pas grand cas de la musique française et de la médecine de tous les pays, et n'en est pas moins un grand homme. Si M. d'Ussé l'entendait jouer de la flûte, il ne

---

Lauraguais demanda où était le roi. L'exempt répondit qu'il était allé à Saint-Hubert chasser trois cerfs qu'il avait manqués la veille. « Que ne les faisait-il arrêter par lettre de cachet », répondit le comte. (*Journal de Collé.*)

voudrait plus des vêpres de Lulli. Je vous prie cependant de lui dire mille choses pour moi et de le remercier de l'honneur de son souvenir; car

L'inimitié qui règne entre nos deux partis,
N'y rend pas de l'honneur tous les droits amortis.

« Ah! mon Dieu, oui, ce huitième volume de Voltaire est à faire vomir par la bassesse et la platitude de ses éloges. C'est bien la peine d'avoir plus de cent mille livres de rente et d'être dans un pays libre pour écrire ainsi l'histoire : et à qui croit-il en imposer[1]? Cela fait pitié! Il est bien digne, après cela, d'avoir fait une plate parodie du réquisitoire d'Omer, qu'il était si aisé de tourner en ridicule au moins par l'idée que je m'en forme, car je n'ai pas eu le bonheur de le lire, et je n'y ai pas grand regret.

« Oui vraiment Rousseau est brouillé, et depuis longtemps, avec Mme de Boufflers; elle me l'avait dit avant son départ pour l'Angleterre, et vous l'aurait dit de même, si l'occasion s'en fût présentée, car elle n'en faisait pas un secret. J'imagine que je serai bien mal avec elle à son retour, car je ne lui ai pas desserré les dents. Il est vrai qu'elle et moi nous avons reçu tant d'honneurs en même temps[2], que nous n'avions guère

---

1. D'Alembert fait allusion à l'*Histoire de Russie*, par Voltaire.
2. Mme de Boufflers venait de faire un assez long séjour en Angleterre; elle y avait reçu l'accueil le plus empressé.

le temps de penser l'un à l'autre. Tout rentrera bientôt dans l'ordre accoutumé. Adieu. Je vais faire un tour de promenade vraisemblablement avec le Roi. »

« Le 26 juillet 1763.

« Le temps s'est remis au beau et j'en suis fort aise, tant à cause de la promenade qu'à cause de la récolte, qui sera cette année-ci plus abondante dans ce pays-ci qu'elle ne l'a été depuis trente ans. Il en avait besoin après une si longue et si cruelle guerre, et quoique je ne sois pas de la paroisse, j'y suis si bien traité que je ne puis m'empêcher de m'intéresser à ce qui la regarde. Je ne sais combien de temps nous resterons ici ; le Roi attend incessamment Mme la Margrave de Schwedt, sa sœur. On ne sait s'il la recevra à Sans-Souci ou à Potsdam ou à Charlottenbourg. Ce dernier voyage me déplairait assez, parce que j'y suis très mal logé et que l'eau y est très mauvaise. »

« A Potsdam, ces 28, 29 et 30 juillet 1763.

« Les bontés du Roi pour moi sont toujours les mêmes ; quelque envie qu'il ait de me combler de bienfaits, il ne me sait pas mauvais gré de ne les pas accepter ; il se met à ma place et me disait encore hier, à propos du voyage d'Italie, que je ferais très bien de faire ce voyage, dès que j'en trouverais l'occasion favorable, et qu'il était bien fâché de n'en pouvoir pas faire autant. Il aime les Italiens presque autant que moi, et aussi peu les Anglais. Ce n'est pas, comme on dit, pour me vanter, mais nous sommes assez d'accord dans nos goûts et dans nos jugements. Il n'y a que deux choses qui me contrarient un peu ici, mais que je dois mettre, comme de raison, non aux pieds du crucifix, mais aux pieds du grand Frédéric, la première, c'est qu'il se couche quelquefois à minuit passé, lorsque le plaisir de la conversation l'entraîne, comme cela lui arriva hier soir en parlant de l'Italie ; ce qui me fâcha d'autant plus que j'avais mal dormi la nuit précédente ; la seconde, c'est qu'il faut faire sans cesse son paquet pour aller de Sans-Souci à Potsdam et de Potsdam à Sans-Souci. Cette vie ambulante me fatiguerait beaucoup à la longue, mais cette contrainte durera trop peu pour que j'y prenne garde.

« Mme la Margrave de Schwedt est arrivée hier 28, à midi, avec Mme la princesse de Virtemberg, sa fille, une autre de ses filles, qu'on prétend destinée au Prince de Prusse, le jeune Prince de Virtemberg, son petit-fils, et des dames de sa suite. J'ai eu l'honneur de dîner et de souper avec elle, avec le Roi et deux généraux qui dînent toujours avec Sa Majesté. La Margrave m'a fait beaucoup de politesses, ainsi que la Princesse de Virtemberg. Mais quelque honneur que me fassent ces dîners et ces soupers de cérémonie, j'aime beaucoup mieux ceux où j'ai l'honneur de manger avec le Roi et trois ou quatre personnes. La conversation y est beaucoup plus animée et plus libre.

« On dit aujourd'hui que nous allons à Sans-Souci, où il y aura un bal ; on parle aussi d'une comédie et d'un ballet ; l'*éclaircissement*, comme dit la comédie, nous éclaircira, car ici on ne sait jamais ce qu'on doit faire qu'au dernier moment. Du caractère dont vous me connaissez, imaginez comme cela m'accommoderait à la longue. Ce séjour de la Margrave m'oblige à beaucoup plus d'assiduités et me laisse, par conséquent, moins de temps, sans compter les visites actives et passives qu'il faut rendre et recevoir ici. »

« Samedi 30 juillet 1763.

« Nous avons eu hier, dans l'appartement de Mme la Margrave, grand concert italien, très beau en symphonies, en airs chantants sérieux et en airs chantants comiques. Après le souper, pendant que le Roi était avec Mme la Margrave, les princesses, qui aiment assez les petits airs français et détestent nos grands airs d'opéra, ont chanté des premiers pour s'amuser, et M. le Président Hénault, s'il avait été ici, aurait eu le plaisir d'entendre chanter à Mme la princesse de Virtemberg sa chanson : *Quoi, vous partez, sans que rien vous arrête*, et le chagrin de l'entendre chanter très mal. Je vous prie de lui dire que je viens à l'instant de recevoir sa lettre du 15, que j'aurais reçue quatre ou cinq jours plus tôt s'il me l'avait adressée directement. Il ne m'est pas possible d'avoir l'honneur de lui répondre en ce moment, parce que le courrier va partir et que d'ailleurs je voudrais montrer sa lettre au Roi, ce que je ne pourrai guère faire d'ici à quatre ou cinq jours, parce que Sa Majesté est tout occupée, comme de raison, de Mme la Margrave et de ses nièces, et que je ne pourrai guère causer avec elle de littérature que quand ces princesses seront parties. On dit que nous aurons demain la comédie à Sans-Souci ; je ne sais ce que nous ferons aujourd'hui. »

« A Potsdam, le 1ᵉʳ août 1763.

« Le mot sur M. Omer Joli de Fleuri (ni omer, ni joli, ni fleuri) est très plaisant et sûrement paraîtra tel au Roi ; pour M. de Lauraguais, Charenton est ce qui lui conviendrait le mieux, et tout est dit.

« Vous avez bien peu d'idée de ce pays-ci. Vous croyez que le Roi a une cour à Berlin, il n'en a pas plus qu'ici, il n'a pas même été à Berlin et je n'y ai encore été qu'un jour. Je compte y aller passer trois jours avant mon départ, pour voir ce qui me reste encore à voir dans la ville.

« Je vous ai fait part des adieux de Milord Maréchal ; je prévois d'ici que les miens seront à peu près de même, et que j'aurai le cœur serré en quittant le Roi. Vous apprendrez de moi-même tous ces détails et bien d'autres si vous voulez les savoir....

« A l'égard de M. le Président Hénault, je n'ai reçu de lui que deux lettres, une du 28 juin, à laquelle j'ai répondu, et une du 13 juillet, à laquelle je ne répondrai que dans quelques jours, parce que je voudrais la lire au Roi et que ce n'est pas actuellement le moment. Je ne vois Sa Majesté qu'au milieu de quinze ou vingt personnes; il me tarde bien que tout rentre dans l'ordre accoutumé....

« Je ne sais ce que les gazettes qu'on lit en France auront dit de ma prétendue présidence ; mais j'ai trop bonne opinion du gouvernement pour croire qu'il puisse me savoir mauvais gré des sottises qu'un gazetier peut dire ; il est également certain que je n'accepterai pas cette place et que l'Académie désirerait beaucoup que je l'acceptasse, et que le Roi y a plus de regret que personne. Tout ce qui me revient des discours qu'il tient sur mon compte ne me le prouve que trop, et Mme la princesse de Virtemberg me dit encore hier les choses les plus obligeantes et les plus flatteuses sur le besoin que le Roi avait de ma société (ce sont les termes dont elle se servit) et sur le vide que mon départ lui laisserait pour sa conversation. Avec cela mille raisons pour une, dont aucune n'est relative au Roi, m'empêchent de rester dans ce pays et m'empêcheraient même d'y faire un beaucoup plus long séjour, sans compter que les chemins seraient presque impraticables, si je reculais mon départ seulement de trois semaines.

1. Luxembourg (Madeleine-Angélique de Neufville-Villeroy, marquise de Boufflers, duchesse de) (1707-1787). Elle avait

« Oserais-je vous prier de vouloir bien assurer Mme de Luxembourg de mon respect et de lui témoigner combien je suis sensible à l'honneur de son souvenir? Je ne manquerai pas de dire au Roi, et dès aujourd'hui, les regrets qu'elle a de penser qu'elle mourra sans le voir, et je vous assure qu'elle a bien raison.

« Quoique ma santé se soit assez bien soutenue, j'appréhenderais qu'un plus long séjour ne la dérangeât, je commence à sentir dans les jambes une espèce de pesanteur qui vient vraisemblablement du peu d'exercice que je fais par comparaison à celui que je fais à Paris. De plus, quelque sobre que je sois à la table du Roi, cependant comme il faut manger et que tout est épicé et farci, cette cuisine m'incommoderait infailliblement à la longue. Je n'ai encore mangé qu'une seule fois du bouilli franc sans ragoût et une seule fois de vrai potage; voilà de beaux détails!

« Nous avons été hier dîner et souper à Sans-Souci, et je suis revenu coucher ici, parce qu'il n'y a de place à Sans-Souci que pour le Roi et les princesses; nous aurons aujourd'hui la comédie, et qui ne sera pas trop bonne, car il n'y a ici qu'un commencement de troupe, et demain bal et illuminations, et après-demain tout s'en ira.

épousé en premières noces le duc de Boufflers. Après une jeunesse plus que galante, elle était devenue l'arbitre du bon ton et son salon réunissait l'élite de la société.

« Mme La Margrave causa hier assez longtemps avec moi ; il faut qu'elle ait lu, je ne sais comment, ma réponse à l'impératrice de Russie, car elle m'en parla en personne instruite ; vous ne sauriez croire l'effet que ce refus d'aller en Russie a fait à mon avantage. »

« A Sans-Souci, le 8 août 1763.

« Non, ce château-ci ne sera non plus jamais le mien, mais en vérité ce n'est pas à cause du maître qui l'habite et qui mérite bien qu'on s'attache à lui. Depuis le départ des princesses je jouis beaucoup de sa société, la seule que je puisse avoir dans ce pays-ci, et nos dîners et soupers sont beaucoup plus animés et plus libres. Il faudra pourtant dans très peu de jours lui annoncer mon départ, et je vous avoue que cette annonce me coûtera et encore plus la séparation. »

« Le 9 (au matin) août 1763.

« Je me porte mieux, parce que le Roi m'a donné hier une grande satisfaction, c'est d'accorder, sur les représentations que je lui ai faites, une augmentation de pension au professeur Euler, le plus grand sujet de son Académie, et qui, se trouvant chargé de famille et assez mal-aisé, voulait s'en aller à Pétersbourg. J'ai parlé au Roi à ce sujet avec autant d'*éloquence* et de *chaleur* pour le moins que Mme Du Deffand à la

1. Cependant, en 1766, Euler retourna en Russie, où il vécut jusqu'à sa mort.

femme de chambre de Mme de Clermont, qui voulait la quitter, et j'ai mieux réussi qu'elle[1]. J'espère faire encore quelques bonnes œuvres avant que de m'en aller, et laisser ici, j'ose le dire, quelques regrets de mon départ, et emporter, j'ose le dire encore, l'estime et l'amitié du Roi. On ne peut être plus touché que je le suis de toutes les marques de confiance et de considération qu'il me donne, et je pourrai bien dire en le quittant, comme Louis XIV à la mort de sa femme : « Voici le seul chagrin qu'il m'ait jamais causé ».

« A Sans-Souci, le 13 août 1763.

« Le Roi, à qui je dis hier que M. le Président Hénault était très malade, prit beaucoup de part à son état, parla de lui avec éloge et dit que ce serait une perte pour les lettres et pour la société....

« Oui, j'ai écrit à Voltaire, mais ma lettre était courte, froide et plate ; le Roi me parle de lui très souvent et je vous assure l'apprécie à tous égards avec beaucoup d'équité, quant à l'esprit et quant au caractère. On peut appliquer à ce prince les deux mots qu'on avait faits pour La Motte : *justice* et *justesse*.... »

D'Alembert venait en effet d'écrire à Voltaire, mais sa lettre, quoi qu'il en dise, était fort amicale et sur le ton ordinaire de la correspondance qu'échangeaient les deux philosophes. Il est évident que l'auteur de *Candide* ne devait pas être *persona grata* auprès de Mlle de Lespinasse et que d'Alembert croyait faire sa cour en déployant à l'égard du patriarche une animosité que rien ne justifiait et qui était du reste beaucoup plus apparente que réelle.

Voici la lettre qu'il adressait à Ferney :

« A Potsdam, le 7 Auguste 1763.

« Depuis six semaines, mon cher confrère, que je suis arrivé ici, j'ai toujours voulu vous écrire sans en pouvoir trouver le moment : différentes occupations et des distractions de toute espèce m'en ont empêché ; cependant, je ne veux pas retourner en France sans vous donner signe de vie. Mon voyage a été des plus agréables et le Roi me comble de toutes les bontés possibles. Je puis vous assurer que ce prince est supérieur à la gloire même qu'il vient d'acquérir, par la justice qu'il rend à ses ennemis et par la modestie bien sincère avec laquelle il parle de ses succès. Vous êtes convenu avec moi, et vous avez bien raison, que la destruction de sa puissance eût été un grand malheur pour les lettres et la philosophie. Les gazettes ont dit, mais sans fondement, que j'étais président de l'Académie ; je ne puis douter, à la vérité, que le Roi ne le désire, et j'ose vous dire que l'Académie même m'a paru le souhaiter beaucoup ; mais mille raisons, dont aucune n'est relative au Roi, et dont la plupart sont relatives à moi seul, ne me permettent pas de fixer mon séjour en ce pays. Le Roi me parle souvent de vous. Il sait vos ouvrages par cœur, il les lit et les relit, et il a été charmé tout récemment de la lecture qu'il a faite de vos *Additions à l'histoire générale*. Je puis vous assurer qu'il vous rend bien toute la justice que vous pouvez désirer Le marquis d'Argens me charge de vous faire mille compliments de sa part; il vous regrette beaucoup, et me le dit souvent; il n'en fait pas de même de Maupertuis, qui, ce me semble, n'a pas laissé beaucoup d'amis dans ce pays.

« Je ne vous donne aucune nouvelle de littérature, car je n'en sais point; et vous savez combien elles sont stériles dans ce pays où personne, excepté le Roi, ne s'en occupe.

Que dites-vous du bel arrêt du Parlement de Paris pour consulter la Faculté de théologie sur l'inoculation, cette même Faculté qu'il a déclarée ne pouvoir être juge en matière de sacrements ? Cette nouvelle sottise française nous rend la fable des étrangers. Il faut avouer que nous ne démentons notre gloire sur rien. »

Si d'Alembert trouvait avec peine le temps d'écrire à Voltaire, il continuait à adresser à Mlle de Lespinasse un petit journal à peu près quotidien, mais à l'enthousiasme des premiers jours avait succédé une mélancolie insurmontable. L'hôte de Frédéric se fait toujours gazetier pour son amie et raconte les moindres bruits qui lui parviennent soit de Motiers, soit de Paris, mais il ne peut dissimuler l'ennui qui le gagne et menace même sa santé :

« 15 août 1765.

« Je ne sais ce qui arrivera de Rousseau, les citoyens et bourgeois de Genève ont pris fait et cause pour lui par une requête qu'ils ont présentée au Conseil et que j'ai lue. Je voudrais bien qu'il fût réhabilité, premièrement pour lui, ensuite pour l'honneur de la philosophie, persécutée en sa personne, et aussi pour l'honneur du Roi de Prusse, qui seul lui a accordé protection, lorsqu'il était chassé comme Jésus-Christ de ville en ville [1]....

« Est-ce que Neptune aurait enlevé Mme de Boufflers comme Pluton fit de Proserpine ?....

« Quoique privé de Milord Maréchal, je mènerais ici une vie assez tranquille et assez douce si je me portais bien. Mais le danger de m'occuper me fait paraître les journées un peu longues. Je ne pourrais vous rien dire de particulier du Roi, sinon que sa con-

1. Voir *Voltaire et Jean-Jacques Rousseau*, chapitres xi, xii, xiv, xv.

versation est toujours aussi agréable et aussi utile pour moi qu'elle l'a été dans les premiers jours, qu'elle roule tantôt sur la littérature, tantôt sur la philosophie, assez souvent même sur la guerre et sur la politique et quelquefois sur le mépris de la vie, de la gloire et des hommes. Grimm me mande que le Roi a écrit mille choses de moi à Mme la duchesse de Saxe-Gotha, qu'il est enchanté de moi, et je sais qu'il y a très peu de jours qu'il lui a encore écrit sur mon compte les choses les plus obligeantes et les plus flatteuses. Je suis charmé d'avoir répondu à l'idée qu'il avait de moi et j'aurai grand regret à le quitter, mais ma santé seule, indépendamment de mille autres raisons, ne me permettrait pas de rester dans ce pays. L'air qu'on y respire, épais et marécageux et le genre de vie qu'on y mène sont trop contraires à ma constitution et à ma manière de vivre ordinaire. »

A la fin, à bout de forces, d'Alembert se décida à solliciter de Frédéric l'autorisation de rentrer en France.

« A Sans-Souci, le 15 août 1763.

« Je viens d'écrire au Roi une lettre courte, tendre et respectueuse, pour lui demander mon congé; c'est l'usage de lui écrire ainsi huit ou dix jours avant de partir; je vous dirai demain ce qu'il aura répondu à ma lettre. A propos, j'ai toujours oublié de vous dire que j'avais dit au Roi les regrets de Mme de Luxembourg ; il m'a prié de lui faire mille remerciements et compliments, m'a dit qu'il la connaissait, qu'il en avait entendu parler comme d'une personne de beaucoup d'esprit et très aimable ; j'ai ajouté à ce que le Roi disait beaucoup de choses qui n'ont point gâté ce que le Roi pense d'elle. »

Frédéric, loin de prendre en mauvaise part la demande de son hôte, l'accueillit avec bienveillance. Bien qu'il regrettât assurément de n'avoir pu surmonter ses résistances et qu'il le vit partir avec un profond regret, il se rendit à ses raisons :

« Je suis fâché, lui écrivit-il, de voir approcher le moment de votre départ et je n'oublierai point le plaisir que j'ai eu de voir un vrai philosophe. J'ai été plus heureux que Diogène, car j'ai trouvé l'homme qu'il a cherché si longtemps, mais il part, il s'en va. Cependant je conserverai la place de président de l'Académie, qui ne peut être remplie que par lui. Un certain pressentiment m'avertit que cela arrivera, mais qu'il faut attendre jusqu'à ce que son heure soit venue. Je suis tenté quelquefois de faire des vœux pour que la persécution des élus redouble en certains pays ; je sais que ce vœu est en quelque sorte criminel, puisque c'est désirer le renouvellement de l'intolérance, de la tyrannie et de ce qui tend à abrutir l'espèce humaine. Voilà où j'en suis.... Vous pourrez mettre fin quand vous le voudrez à ces souhaits coupables qui blessent la délicatesse de nos sentiments. Je ne vous presse point, je ne vous importunerai pas, et j'attendrai en silence le moment où l'ingratitude vous obligera de prendre pour patrie un pays où vous êtes déjà naturalisé dans l'esprit de ceux qui pensent et qui ont assez de connaissance pour apprécier votre mérite. »

Cette épître flatteuse causa au philosophe une satisfaction qui perce aisément dans sa correspondance, car il y revient à plusieurs reprises :

« Le 16 août, 1763 (après-midi).

« On dit que nous allons demain à Potsdam....

« Le Roi m'a fait de sa main une réponse charmante et qui mérite bien d'être mise à côté de celle de la Czarine, je vous la garde et vous en jugerez comme moi. Plus je vois approcher le terme de mon départ, plus je sens de regrets et d'envie d'emporter son amitié.

« Le prince Ferdinand, frère du Roi, arrive ces jours-ci des eaux d'Aix-la-Chapelle ; j'espère le voir avant mon départ, mais ce qui m'afflige fort, c'est que je ne verrai point le prince Henri, qui est à vingt lieues d'ici et qui s'y est constamment tenu depuis deux mois.

« Vous m'avez demandé des nouvelles de l'abbé de Prades; il est à Glogau en Silésie, où il s'ennuie avec 40 000 livres, dit-on, qu'il a gagnées au jeu et les revenus de son canonicat de Breslau, qu'on lui paye assez mal; il m'a écrit deux fois, mais il n'y a pas moyen de faire revenir le Roi sur son compte; il a été du moins bien étourdi et bien imprudent, s'il n'a pas été traître; je vous conterai tout cela et bien d'autres choses, mais je ne pourrai jamais vous dire combien ce voyage a resserré les liens qui m'attachaient au Roi. Ce prince aura le mois prochain un ambassadeur Turc, c'est une époque bien glorieuse dans sa vie, car ci-devant, les Turcs ne marchaient pas pour d'autres puissances que pour le roi de France et pour l'empereur. On dit qu'il fera faire des manœuvres à ses troupes dans huit jours; je voudrais bien que ce fût avant le 26, jour fixé irrévocablement pour mon départ. »

« Le 16 août 1763 (au matin).

« Nous allons à Potsdam et demain, dit-on, à Berlin; j'oubliais de vous dire que le Roi m'a fait prévenir qu'il pourvoirait aux frais de mon retour, indépendamment des 100 louis d'or qu'il m'a déjà fait donner; il est vrai qu'ils n'auraient pas suffi pour me dédommager des frais de ce voyage, qui a été plus coûteux que je n'aurais cru. »

« Potsdam, le 18 août 1763.

« Je ne puis vous cacher mes regrets de quitter un Roi qui m'a donné tant de marques d'estime, de considération et j'ose dire d'amitié; je vous envoie, toutes réflexions faites, la lettre que je lui ai écrite pour prendre congé de lui et sa réponse, qui ne peuvent ni l'une ni l'autre offenser personne, mais je vous prie de ne communiquer cette lettre à qui que ce soit, parce que d'autres gens à qui j'avais écrit que j'ai du Roi une lettre charmante trouveraient mauvais que je ne la leur eusse pas envoyée. Je sais que le Roi est véritablement affligé de mon départ; il se flatte, comme vous le verrez par sa lettre, que je serai un jour président de son Académie; mais indépendamment de mille raisons *dont vous n'aurez pas l'esprit de deviner une seule*, je crois que le climat de ce pays me serait funeste à la longue. L'air y est épais, marécageux, lourd et le serein très malsain. Ce qui m'afflige, c'est qu'après mon départ il ne lui restera pour ainsi dire personne avec qui causer et c'est le seul délassement qu'il ait; il n'aime à parler que littérature et philosophie, et parle à merveille de l'une et de l'autre, sans compter, comme je crois vous l'avoir dit, que nos manières de voir et de juger se rapportent presque toujours parfaitement, quoique l'adulation et l'envie d'être de son avis n'y aient aucune part. Enfin c'est un prince véritablement digne d'être aimé et respecté. Pourquoi faut-il que le physique et le moral de son pays ne lui ressemblent pas?

« Je ne sais ce que les gazettes disent de moi, je ne lis ici que celle d'Altona, qui n'en parle pas, et qui fait bien. On m'écrit de Paris que le Roi de Prusse m'a, dit-on, décoré du titre de Marquis et qu'il est resté huit jours enfermé avec moi avec défense de laisser entrer personne. Voilà de belles et sottes nouvelles. Je ne sais pas plus ce que c'est que le prétendu présent que l'Académie de Berlin m'a fait; je n'en ai pas entendu parler, à moins que ce ne soit deux ou trois volumes de ses mémoires qui me manquaient et qu'elle est dans l'usage de me donner; mais il me semble que cela ne doit pas s'appeler un présent. Ce qui est plus certain, c'est qu'elle me paraît vraiment affligée de ne m'avoir pas pour président. Oui, vous aurez beau rire et dire encore que c'est ma folie, tout le monde ici *m'aime beaucoup* et dit qu'on n'a point encore vu dans ce pays-ci *un Français comme moi;* je me flatte de les avoir un peu réconciliés avec ma nation qu'ils n'aiment pas trop; je vous laisse à juger s'ils ont tort. Cependant le Roi parle toujours des Français avec amitié et avec estime, et il en parlait encore hier à table sur ce ton-là en présence du prince Ferdinand, son frère, qui lui racontait des propos bien étranges et bien indécents de la part de certaines gens, qu'il a vus aux eaux d'Aix-la-Chapelle, propos si injurieux à la nation et si remplis d'ingratitude, qu'ils ont indigné le Roi de Prusse, malgré l'espèce de froid qui est encore entre les deux Cours; je voudrais bien qu'il cessât, et assurément je pense que cela ne serait pas difficile au moins de ce côté-ci, dont je connais très bien les dispositions....

« Si Messieurs de la poste sont aussi curieux d'ouvrir nos lettres que vous le dites et que je le crois, ils sont bien payés de leur curiosité. Je serais pourtant fâché qu'ils lisent la lettre du Roi de Prusse avant vous, mais je me flatte qu'ils vous en garderont le secret ainsi qu'à moi. »

« Le 19 août 1763 (matin).

« On ne sait plus quand nous allons à Berlin, mais en revanche nous allons aujourd'hui dîner à Sans-Souci par une chaleur de tous les diables. Il me serait impossible, malgré mon attachement extrême pour le Roi, de soutenir à la longue cette vie incertaine, ambulante et fatigante; heureusement je me porte beaucoup mieux. S'il ne va pas à Berlin dimanche au plus tard, il faut nécessairement que j'y aille lundi, car je n'ai pas de temps à perdre et peut-être irai-je demain selon les nouvelles que j'aurai aujourd'hui. »

« Berlin, le 22 août 1763.

« Avant de répondre à votre lettre d'hier, je vous apprends que je suis enfin à Berlin de ce matin, que le Roi n'y viendra que demain et que grâce à un temps abominable, j'ai quelques moments pour vous écrire.

Le Roi m'a fait donner avant-hier au soir 300 frédérics d'or qui, avec les 100 que j'avais déjà, font une somme plus qu'honnête pour les frais de mon voyage. On me fait espérer, mais je ne puis encore en assurer rien, que je recevrai de lui-même, la veille de mon départ, un présent qui me touchera beaucoup davantage et qui est la plus grande marque de considération qu'il puisse me donner. De quelque façon que les choses tournent, je serai et dois être trop content. »

Enfin d'Alembert, après trois mois de séjour, quitta la cour de Berlin. C'est par lui-même que nous avons le récit des incidents de son voyage et le détail de ses dernières entrevues avec ce roi qui l'avait accueilli avec tant d'estime et de considération.

« A Francfort, le 3 septembre 1763.

« J'ai eu l'honneur de vous écrire un mot d'Eisenach, qui je crois vous sera parvenu[1]. Je vous y parlais, ce me semble, des mauvais chemins que j'avais déjà trouvés, mais ce n'était que roses en comparaison de ceux qui m'attendaient dans la Hesse et dans le pays de Fulde. Mes compagnons de voyage en sont roués et sur les dents. Ils ont désiré de s'arrêter ici

1. La lettre manque.

vingt quatre heures; pour moi, je n'en ai nul besoin, car je ne suis pas même fatigué, mais je leur dois cette attention pour l'utilité dont ils m'ont été dans cet abominable pays, où je ne connais ni la langue ni les monnaies, et où, sans eux, j'aurais été volé au centuple, quoiqu'ils n'aient pu empêcher que nous ne l'ayons été en commun par les maîtres de poste et les aubergistes, qui nous ont souvent gîtés bien chèrement et encore plus mal. Je suis ici bien logé pour la première fois et je compte me promener aujourd'hui dans la ville, qui est marchande et peuplée, et partir demain; mais de vous dire le jour précis de mon arrivée cela est impossible. Je prévois seulement que ce sera tout au plus tôt le 12 et peut-être plus tard, surtout si j'étais obligé de passer à Saverne et de m'y arrêter, ce qui me contrarierait beaucoup; car j'ai une grande impatience d'arriver.

« Voici le détail de mes adieux au Roi : Ce prince me fit appeler le 25 au soir et me dit qu'il voulait encore causer un moment avec moi, qu'il me regrettait infiniment, qu'il espérait pourtant me revoir encore, et qu'il me priait de lui en donner ma parole; qu'il me priait aussi de vouloir bien recevoir cette marque de son amitié et de son estime (en me présentant une boîte d'or garnie de son portrait), qu'il en avait infiniment pour moi et encore plus pour mon caractère que pour mes talents, que j'emportais les regrets de tout le monde, etc. Les larmes me vinrent aux yeux, je n'eus que la force de dire au Roi à quel point j'étais pénétré, je me baissai selon l'usage pour baiser le bas de son habit, il me releva, me serra entre ses bras, et m'embrassa; ensuite il me parla de mon voyage d'Italie, et m'offrit de nouveau tout l'argent dont j'aurais besoin pour le faire; je lui dis que je profiterais de ses bontés, si je me trouvais dans le cas d'en avoir besoin, et puis il me parla de la France avec laquelle je puis vous assurer qu'il serait charmé d'être bien, et puis de ses propres affaires, qu'il gouverne avec tant de gloire et de modestie. Il venait encore de donner le matin dix millions pour empêcher plusieurs négociants de Berlin de faire banqueroute. En vérité, ce prince mérite bien qu'on le chérisse et qu'on l'admire, surtout quand on a autant de raisons que moi de lui être attaché. J'oublie de vous dire qu'après la conversation, je soupai avec le Roi et quelques personnes, que le souper fut assez triste et qu'en se levant de table, le Roi me témoigna encore en présence de ses généraux son estime et ses regrets; que tous ses généraux en firent autant et m'embrassèrent plusieurs fois, me disant qu'ils n'avaient point vu de *Français qui me ressemblât;* j'ai encore le cœur serré en vous écrivant, quelque plaisir que j'aie d'un autre côté à penser que je vais revoir mes amis et qu'ils partageront ma satisfaction de les revoir après un si heureux et si agréable voyage. »

Si d'Alembert partit enthousiasmé de son hôte et ravi de l'empressement que tous n'avaient cessé de lui témoigner, il faut reconnaître que ces sentiments étaient réciproques, et qu'il ne laissa pas derrière lui des impressions moins favorables. De Catt a donné sur le séjour du philosophe français en Prusse quelques détails qui montrent à quel point Frédéric et son entourage surent apprécier la science, les sentiments et l'esprit de d'Alembert :

« Quand M. d'Alembert arriva à Potsdam, écrit de Catt, plusieurs personnes le craignirent à cause de sa grande réputation; mais quand le général Bork, gouverneur du prince de Prusse, qui avait voyagé avec lui, dit que ce grand M. d'Alembert, si fameux par ses tr lents, était un homme sociable, dont le cœur et les sentiments étaient excellents, tous les esprits furent rassurés; on le vit avec empressement; chacun trouva que le général Bork avait parlé vrai. Tous ses discours auprès du Roi furent sages, et tendant à servir les honnêtes gens, les gens de lettres : aussi Sa Majesté lui a-t-elle rendu le témoignage d'un homme de génie, modeste, doux, à qui il n'est échappé aucun mot de satire, de plaisanterie. On a porté à Berlin le même témoignage, et moi qui l'ai vu souvent et de près, j'ai trouvé qu'il méritait tous ces éloges. Je lui ai reconnu l'âme la plus belle, la plus humaine, la plus tendre, la plus portée à obliger, même des gens dont il avait lieu de se plaindre; et j'ai souvent dit dans mon cœur : « Si tous les gens de lettres pensaient comme lui, l'empire littéraire serait le meilleur et le plus beau de tous les empires. » Je l'ai mis souvent sur le chapitre de la France; je lui ai marqué ma surprise de ce qu'on n'y faisait rien pour lui; la façon dont il m'a répondu a mis le comble à l'idée que j'avais conçue de son cœur, de sa probité et de sa modestie[1]. »

Quand Voltaire apprit le retour à Paris de son ami, il lui écrivit :

« J'apprends que Platon est revenu de chez Denys de Syracuse; ce n'est pas que je ne vous croie au-dessus de Platon, et l'autre au-dessus de Denys, mais les vieux noms font un merveilleux effet. Vous avez par-devers vous deux traits de philosophie dont nul Grec n'a approché : vous avez refusé une présidence et un grand gouvernement[2]. Tous les gens de lettres doivent vous montrer au doigt, comme un homme qui leur apprend à vivre. Pour moi, mon illustre et incompa-

1. Pougens, 1790.
2. Voltaire veut parler de la place de gouverneur du grand-duc de Russie.

rable voyageur, je ne vous pardonnerai jamais de n'être pas revenu par Genève. »

La correspondance de d'Alembert avec Mlle de Lespinasse devait amener une crise grave dans le salon de la rue Saint-Dominique. Mme du Deffand, prévenue de l'intimité du philosophe et de sa dame de compagnie, surveilla son entourage et elle surprit le petit cénacle qui se tenait chaque soir dans la chambre de Mlle de Lespinasse avant la réception officielle. Indignée de ce qu'elle considérait comme une trahison, elle chassa impitoyablement l'ingrate qui, méconnaissant ses bienfaits, l'avait supplantée dans le cœur de d'Alembert.

Mis en demeure d'opter entre ses deux amies, l'encyclopédiste n'hésita pas : il quitta pour n'y plus rentrer le salon de Mme du Deffand.

Mlle de Lespinasse alla fonder rue de Bellechasse un salon rival dont d'Alembert fut l'étoile et où la suivirent bien des fidèles de la rue Saint-Dominique.

« Elle tenait chez elle, les soirs, dit Marmontel, une assemblée où, à l'exception de quelques amis de d'Alembert, le reste était formé de gens qui n'étaient pas liés ensemble. Elle les avait pris çà et là dans le monde, mais si bien assortis que lorsqu'ils étaient dans son salon, ils s'y trouvaient en harmonie comme les cordes d'un instrument monté par une main habile. Nulle part la conversation n'était plus vive, ni plus brillante, ni mieux réglée que chez elle. »

Mme du Deffand ne pardonna jamais à Mlle de Lespinasse, et quand elle apprit la mort de sa rivale[1], elle se contenta de dire pour toute oraison funèbre : « Elle aurait bien dû mourir quinze ans plus tôt, je n'aurais pas perdu d'Alembert. »

1. Mlle de Lespinasse mourut en 1776.

14587. — Imprimerie A. Lahure, 9, rue de Fleurus, à Paris.

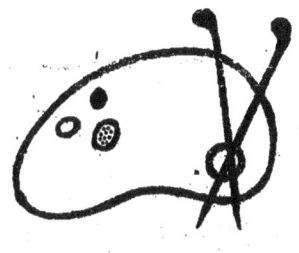

Original, est équiteur
NF Z 43-120-8

www.ingramcontent.com/pod-product-compliance
Lightning Source LLC
LaVergne TN
LVHW050631090426
835512LV00007B/788